JN423090

그림으로 쉽게 읽는

바이블툰

그림으로 쉽게 읽는

바이블툰

마태복음

글 아가페 쉬운성경 | 그림 조광래 | 감수 김경진

아가페북스

감수자의 글

그림으로 쉽게 읽는 바이블툰 - 마태복음

예수님이 지상에서 온 인류를 위하여 구속사역을 펼치셨을 때, 그리고 이후 사도 바울을 비롯한 주님의 제자들이 열방에 나가 복음을 증거하였을 때, 그 당대의 문맹율은 거의 80% 이상이었다고 합니다. 이처럼 글을 모르는 이들이 많았기에 초대교회 때부터 기독교회는 그림을 활용해 성경의 내용을 묘사하여 글을 모르는 대중에게 복음을 전달하였습니다. 초대교회 때부터 이어져온 이러한 전통은 오늘날의 동방정교회(Eastern Orthodox Church)에서 발견할 수 있습니다. 예를 들어, 그리스 혹은 러시아 정교회 예배당의 내부를 보면 입구에서부터 교회 내부의 벽면 및 천장까지도 온통 성경 이야기를 그림으로 묘사해 놓은 것을 볼 수 있습니다. 이와 같이 성경의 내용을 그림으로 표현하는 것은 초대교회 때부터 이어져 내려온 기독교회의 소중한 전통이었습니다.

〈그림으로 쉽게 읽는 바이블툰〉 시리즈는 이러한 기독교회의 아름다운 전통을 만화기법을 발휘하여 표현함으로써 더 많은 이들이 성경을 사랑하며 읽을 수 있도록 돕고자 의도되었습니다. 이번에 출간된 〈그림으로 쉽게 읽는 바이블툰 - 마태복음〉 역시, 같은 맥락에서 주님의 제자 마태 사도가 성령 하나님의 영감을 받아 전하고자 했던 내용들을 적절한 그림들을 통해 전달하고 있습니다.

예루살렘을 포함하여 이스라엘을 방문한 경험이 있는 이들의 성경 독서와 그러한 경험이 없는 이들의 성경 독서는 분명히 차이가 있을 것입니다. 마찬가지로 성경을 그저 글로만 읽는 것과 본문의 배경이 되는 그림과 함께 읽는 것은 확실히 다릅니다. 아무쪼록 이 책이 성경을 애독하는 모든 성도들에게 실질적인 도움이 될 줄로 확신하며 기쁜 마음으로 적극 추천합니다.

김경진 박사

(백석대학교 신약학 교수 및 기독교전문대학원장)

이 책의 활용법

〈그림으로 쉽게 읽는 바이블툰 - 마태복음〉은 이런 책이에요!

*** 원문에서 직접 번역한 〈아가페 쉬운성경〉 마태복음의 전문을 담았습니다.**

- 권위있는 신학자들이 8년간 뜻을 모아 연구하고 원문에서 직접 번역한 〈아가페 쉬운성경〉은 문장의 표현과 단어가 친숙해 이해하기 쉽고, 오래도록 기억됩니다.

*** 1,068절의 모든 구절마다 일러스트 그림이 있습니다.**

- 1,071절 중에서 고대 사본에 없는 '없음(17장 21절, 18장 11절, 23장 14절)' 세 구절을 제외한 나머지 1,068절의 모든 구절마다 적절한 일러스트 그림을 그렸습니다.

*** 만화 같은 구성으로 남녀노소 누구나 말씀을 재미있게 읽을 수 있습니다.**

- 상하좌우의 다양한 구도에서 그린 일러스트를 보는 재미와 더불어 성경 인물의 대사를 말풍선에 넣은 컷은 만화를 보듯 성경을 술술 읽을 수 있게 합니다.
- 한 구절이 한 컷이 되도록 깔끔하게 편집하였습니다.

*** 마태복음 속 예수님의 사역을 한눈에 볼 수 있는 지도를 넣었습니다.**

- 마태복음의 무대가 되는 예수님 당시 팔레스타인 지방의 지도를 수록하여, 예수님의 대표적인 사역과 발자취를 살펴보고 이해할 수 있도록 해두었습니다.

*** 마태복음 살펴보기, 마태복음 Tip, 단어설명 등 다양한 성경 지식을 제공하여 풍부한 이해를 돕습니다.**

- 누가, 언제, 왜, 무엇을, 어떻게 기록하였는지 마태복음을 다각도로 이해할 수 있도록 정리해 두었습니다. '마태복음 Tip'과 본문 하단의 단어 설명을 통해 어려운 성경 표현을 쉽게 풀어두었으며, 유대 지역의 문화를 이해할 수 있도록 하였습니다.

마태복음 살펴보기

WHO? _ 누가 썼을까?

본문에 직접적으로 언급된 적은 없지만, 예수님의 열두 제자 중 한 사람이었던 마태가 기록한 것으로 봅니다. 레위라고도 불리는 마태는 예수님을 따르기 전에 로마를 위해 일하는 가버나움의 세리였습니다. 그러나 예수님의 부르심을 따라 미련 없이 직업을 버리고 제자가 되었습니다. 마태는 유대인 출신이기에 예수님의 말씀과 행동을 구약에 비추어 생각할 충분한 능력이 있었고, 세리라는 직업상 헬라어로 글을 쓸 수 있었기에, 자연스레 예수님의 말씀을 기록하고 정리하는 일에 관심과 능력을 발휘하였을 것으로 유추합니다.

WHEN? _ 언제 썼을까?

마태복음의 기록 시기와 장소는 정확히 알려져 있지 않습니다. 다만 기록 시기의 경우, 로마의 디도 장군에 의해 예루살렘이 함락(A.D. 70년)된 내용을 다루지 않은 점과 일반적으로 다른 복음서들이 A.D. 60년 이후에 기록된 것으로 볼 때, A.D. 60-70년 사이에 기록된 것으로 봅니다.

WHY? _ 왜, 누구를 위해 썼을까?

마태는 이스라엘을 구원할 메시아를 기다리던 유대인에게 구약에 약속된 메시아가 바로 예수님이심을 알리고, 회심하여 초대교회의 일원이 된 유대인 지체들이 더욱 확신을 얻도록 돕기 위해 마태복음을 기록했습니다. 아브라함과 다윗의 자손으로 오신 예수님을 소개하는 족보를 의도적으로 맨 앞에 기록하였고, 예수님이 구약 예언의 성취이심을 드러내고자 구약의 말씀을 많이 인용하고 있습니다.

WHAT? _ 어떤 특징이 있을까?

마태복음의 첫 번째 특징은 구약의 말씀을 많이 인용하고 있다는 것입니다. 예수님이 유대인의 참 왕이시며 구약에 약속된 메시아이심을 드러내고자 하는 목적으로 다른 복음서에 비해 더 많은 곳에서 구약성경을 인용하고 있습니다. 두 번째 특징은 유대인에게 익숙하고 중요한 표현을 많이 사용한다는 것입니다. 마태복음은 예수님을 '하나님의 아들'이라고 칭하는 대신, 유대인에게 매우 중요한 개념인 '다윗의 후손'이라고 부르는 부분이 다른 복음서에 비해 더 많습니다. 또한 '하나님의 나라'대신 유대인에게 익숙한 '하늘나라(천국)'라는 표현을 사용한 유일한 복음서입니다. 세 번째 특징은 율법의 완성에 대한 강조입니다. 예수님이 율법을 폐하러 오신 것이 아니라 완성하러 오신 것임을 강조하면서 복음과 예수님에 대해 왜곡된 견해를 갖고 있는 유대인들의 생각을 바로잡고자 했습니다. 이러한 요소들은 마태복음이 일차적으로 동족인 유대인을 위한 복음서임을 나타내는 중요한 특징입니다.

WHERE?
_ 어디에서 일어난 일일까?

*『무디 성서지도(아가페 출판사)』참고

마태복음 깊이 보기

〈예수님의 족보〉 마태복음 1:1–17

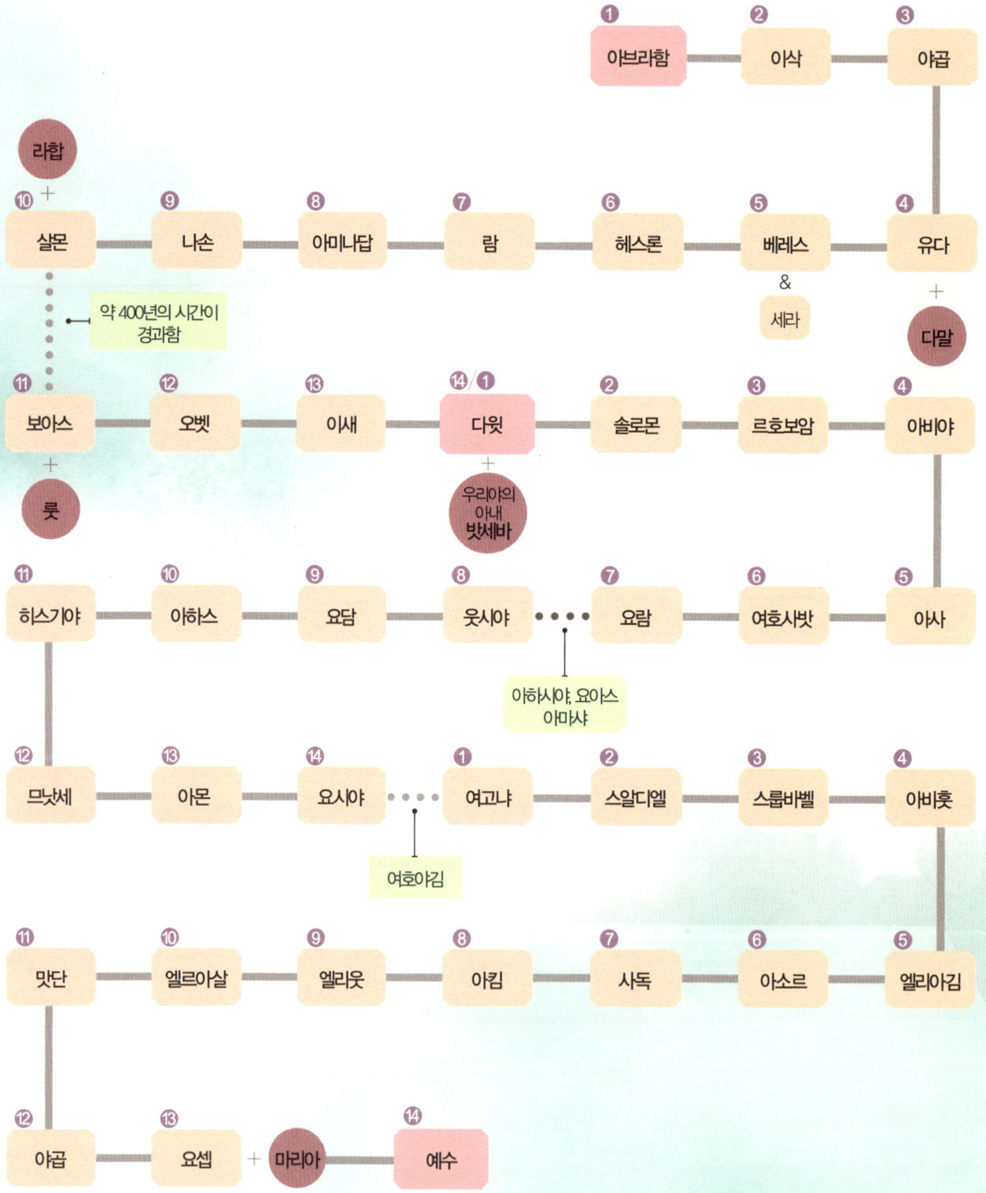

유대인 독자를 염두에 두고 기록한 마태복음은 예수님이 다윗의 자손임을 증명하는 족보로 시작합니다. 그런데 마태복음의 족보는 구약의 족보나 누가복음의 족보와는 차이가 있습니다. 마태가 정리한 족보에서 주목할만한 점을 정리하면 다음과 같습니다.

1. 다섯 명의 여인들은 왜 등장하는가?

유대 사회에서 여인의 이름이 족보에 등장한 것은 아주 이례적인 일입니다. 다말, 라합, 룻은 이방 여인이었고, 밧세바는 '우리야의 아내'였으나 다윗과 간음한 여인입니다. 마리아 역시 사회적으로는 결혼하기 전에 임신한 여인으로, 이들의 출신이나 삶은 유대 정서상 비난받을 수 있는 것이었습니다. 그러나 마태는 부끄러운 역사를 감추지 않았습니다. 오히려 하나님께서 인간의 죄와 연약함에도 그분의 언약과 섭리를 따라 우리를 구원하시고 일하시는 분임을 드러내고 있습니다.

2. 왜 삭제된 사람들이 있는가?

구약에 등장하는 족보와 비교할 때, 마태의 족보에는 빠진 인물이 여럿 있습니다. 그리고는 예수님의 족보를 3기로 구분해 14라는 숫자에 맞추어 구성했습니다. 마태가 왜 14라는 숫자를 강조하려했는지 다양한 해석이 있습니다. 그중에 히브리어는 각 글자마다 의미하는 숫자가 있는데 '다윗'이라는 히브리어 글자(**דוד**)를 숫자로 환산하면 14(4+6+4=14)가 되기 때문이라는 설명이 가장 설득력이 있습니다. 종합적으로 볼 때, 마태의 족보는 예수님과 다윗의 연관성을 드러내며 다윗의 후손으로 오신 예수님을 강조하기 위해 의도적으로 축소하여 기록된 것이라 할 수 있습니다.

3. 누가복음 3장의 족보와는 왜 차이가 있는가?

누가의 족보와 마태의 족보를 보면, 마리아의 남편 요셉부터 다윗까지 거의 대부분 다른 인물이 등장합니다. 누가는 요셉을 '헬리'의 아들(눅 3:23)로 말하는데, 헬리는 마리아의 아버지로 아들이 없었습니다. 족보에 여인을 기록하지 않는 누가가 마리아 세대를 대표하는 인물로 족보에 요셉을 대신 넣었고, 예수님이 육체적으로 마리아를 통해 나단으로 이어지는 다윗의 후손임을 나타낸 것이라고 볼 수 있습니다. 반면 마태는 다윗에서 솔로몬으로 이어진 왕권에 주목하며 예수님이 다윗의 왕권을 이어받은 후손임을 강조한 것입니다.

***일러두기**

예수님 당시 이스라엘의 문화적 특성과 지역적 특성을 고려하여 그렸으나,
일러스트라는 특성상 일부 표현에서는 작가의 상상력을 발휘하였습니다.

그림으로 쉽게 읽는

바이블툰

마태복음

마태복음 1장

1 아브라함의 후손이며, 다윗의 후손인 예수 그리스도의 족보입니다.

2 아브라함은 이삭을 낳고, 이삭은 야곱을 낳았습니다. 야곱은 유다와 그의 형제들을 낳았습니다.

3 유다는 베레스와 세라를 낳았는데, 이들의 어머니는 다말입니다. 베레스는 헤스론을 낳고, 헤스론은 람을 낳았습니다.

4 람은 아미나답을 낳고, 아미나답은 나손을 낳았습니다. 나손은 살몬을 낳았습니다.

5 살몬은 보아스를 낳았는데, 보아스의 어머니는 라합입니다. 보아스는 오벳을 낳았는데 오벳의 어머니는 룻입니다. 오벳은 이새를 낳았습니다.

6 이새는 다윗 왕을 낳고, 다윗은 솔로몬을 낳았습니다. 솔로몬의 어머니는 우리아의 아내, 밧세바였습니다.

7 솔로몬은 르호보암을 낳고, 르호보암은 아비야를 낳았습니다. 아비야는 아사를 낳았습니다.

❄ **후손(1:1)** 자신의 세대에서 여러 세대가 지난 뒤의 자녀를 통틀어 이르는 말. ❄ **족보(1:1)** 한 가문의 계통과 혈통 관계를 적어 기록한 책.

8 아사는 여호사밧을 낳고, 여호사밧은 요람을 낳았습니다. 요람은 웃시야를 낳았습니다.

9 웃시야는 요담을 낳고, 요담은 아하스를 낳았습니다. 아하스는 히스기야를 낳았습니다.

10 히스기야는 므낫세를 낳고, 므낫세는 아몬을 낳았습니다. 아몬은 요시야를 낳았습니다.

11 요시야는 여고냐와 그 형제들을 낳았는데, 이때는 백성들이 바빌론으로 끌려갈 무렵이었습니다.

12 백성들이 바빌론에 포로로 끌려간 후에 여고냐는 스알디엘을 낳고, 스알디엘은 스룹바벨을 낳았습니다.

13 스룹바벨은 아비훗을 낳고, 아비훗은 엘리아김을 낳았습니다. 엘리아김은 아소르를 낳았습니다.

14 아소르는 사독을 낳고, 사독은 아킴을 낳았습니다. 아킴은 엘리웃을 낳았습니다.

15 엘리웃은 엘르아살을 낳고, 엘르아살은 맛단을 낳았습니다. 맛단은 야곱을 낳았습니다.

❇ **바빌론(1:12)** B.C. 586년에 예루살렘을 멸망시키고 유대인을 포로로 잡아간 바빌로니아의 수도.

16 야곱은 마리아의 남편이 되는 요셉을 낳았습니다. 그리스도라고 하는 예수님은 마리아에게서 태어났습니다.

17 그래서 아브라함부터 다윗까지 십사 대이고, 다윗부터 바빌론으로 끌려간 때까지 십사 대입니다. 그리고 바빌론으로 끌려간 때부터 그리스도가 태어난 때까지 십사 대입니다.

14
14
14

18 예수 그리스도는 이렇게 태어나셨습니다. 예수님의 어머니인 마리아는 요셉과 약혼을 했는데, 두 사람이 결혼도 하기 전에 성령에 의해서 마리아가 임신하게 된 사실이 밝혀졌습니다.

19 마리아의 남편 요셉은 의로운 사람이었습니다. 그는 마리아를 창피하게 만들고 싶지 않아서 조용히 파혼하려고 하였습니다.

20 요셉이 이 일을 생각하고 있을 때, 꿈에 주의 천사가 나타났습니다. 천사는 요셉에게 이렇게 말했습니다.

다윗의 자손 요셉아, 마리아를 아내로 삼는 것을 두려워하지 마라. 마리아가 아기를 가진 것은 성령께서 하신 일이다.

21 "마리아가 아들을 낳을 것인데, 이름을 예수라고 하여라. 그가 자기의 백성을 죄에서 구원해 낼 것이다."

22 이렇게 하여, 주께서 예언자를 통해서 예언하신 말씀이 이루어졌습니다.

❇ **약혼(1:18)** 유대인의 약혼기간은 보통 1년으로, 이 기간 동안 여성이 순결을 지키지 않은 것이 알려지면 돌에 맞아 죽었다. ❇ **임마누엘(1:23)** '임'은 '함께', '마누'는 '우리와', '엘'은 '하나님'을 뜻한다.

23 "보라! 처녀가 임신하여 아들을 낳을 것이며, 사람들이 그의 이름을 임마누엘이라고 부를 것이다."
임마누엘은 '우리와 함께 계시는 하나님'이라는 뜻입니다.

24 요셉은 잠에서 깬 후, 주의 천사가 명령한 대로
했습니다. 요셉은 마리아와 결혼하였습니다.

25 그러나 마리아가 아들을 낳을 때까지 요셉은 잠자리를
같이하지 않았습니다. 그리고 아들을 낳자 이름을 예수라
고 불렀습니다.

마태복음 TIP

예수라는 이름은 히브리어로 '예슈아(여호수아)'이며, 문자적으로 '주께서 구원하실 것이다'라는 뜻입니다. 헬라어 '크리스토스'는 '기름 부음을 받은 사람'이라는 뜻으로 히브리어의 '메시아'와 같은 의미입니다. 구약 시대에 예수라는 이름은 유대인들이 많이 사용하는 흔한 이름이었습니다. 그러나 그 이름이 '그리스도'와 만나 인류 역사상 유일한 의미를 지닌 특별한 이름이 되었습니다. '예수 그리스도'는 그의 백성의 구원자이며, 만왕의 왕이자 하나님과 사람 사이의 중보자로 사람이 준비하여 붓는 기름이 아닌 성령의 기름 부음을 받은 자이십니다.

마태복음 2장

1 예수님께서는 헤롯이 왕으로 있던 시대에 유대의 베들레헴이라는 마을에서 태어나셨습니다. 그때, 동쪽 나라에서 몇 명의 박사들이 예루살렘으로 왔습니다.
2 그들은 이렇게 물었습니다. "유대인의 왕으로 태어나신 아기가 어디 계십니까? 우리는 동쪽에서 그 아기의 별을 보고, 아기에게 경배하러 왔습니다."
3 헤롯 왕은 이 소리를 듣고 깜짝 놀랐습니다. 예루살렘 사람들도 모두 놀랐습니다.
4 헤롯은 모든 대제사장들과 율법학자들을 불러 모으고, 그리스도가 어디에서 태어나실 것인지 물었습니다.
5 그들은 대답하였습니다.
유대의 베들레헴이란 마을입니다. 예언자들이 이렇게 기록해 놓았습니다.
6 "'그러나 유대 지방에 있는 너 베들레헴아, 너는 유대의 통치자들 가운데서 결코 작지 않다. 네게서 한 통치자가 나올 것이다. 그가 나의 백성 이스라엘을 돌볼 것이다.'"
7 그 소리를 듣고 헤롯은 박사들을 조용히 불렀습니다. 그리고 별이 처음 나타난 때를 알아 냈습니다.
8 그리고 박사들을 베들레헴으로 보내면서 말했습니다.
가서 아기를 잘 찾아보시오. 아기를 찾으면 나에게도 알려 주시오. 그러면 나도 가서 그 아기에게 경배하겠소.

❇ **헤롯 왕(2:1)** 이 시기의 헤롯은 보통 '헤롯 대제'로 불리며, B.C. 37-4년까지 이스라엘을 다스리는 로마의 분봉왕으로 책봉되었다. ❇ **베들레헴(2:1)** '떡집'이라는 뜻을 가진 예루살렘 남쪽의 작은 마을. 다윗의 고향.

9 박사들은 왕의 말을 듣고 출발했습니다. 그러자 동쪽 나라에서 보았던 바로 그 별이 박사들 앞에 나타나 그들을 안내해 주었습니다. 그러다가 아기가 있는 곳 위에서 멈추어 섰습니다.

10 박사들은 별을 보자, 매우 기뻤습니다.

11 그들은 아기가 있는 집에 들어가서 어머니 마리아와 함께 있는 아기를 보았습니다. 그들은 아기에게 무릎을 꿇어 경배를 드리고 보물함을 열어 아기에게 황금과 유향과 몰약을 예물로 드렸습니다.

12 그리고서 그들은 꿈에 "헤롯에게 돌아가지 마라" 하는 명령을 받고, 다른 길로 자기 나라에 돌아갔습니다.

13 박사들이 떠난 뒤에 주의 천사가 요셉의 꿈에 나타나 말했습니다.

일어나라! 아기와 아기 엄마를 데리고 이집트로 도망가거라. 헤롯이 아기를 죽이려고 하니, 내가 지시할 때까지 이집트에 머물러 있어라.

14 그래서 요셉은 한밤중에 일어나 아기와 아기 엄마를 데리고 이집트로 떠났습니다.

15 요셉은 헤롯이 죽을 때까지 이집트에 있었습니다. 이것은 주께서 예언자를 통하여 하신 말씀을 이루신 것입니다. "내가 나의 아들을 이집트에서 불러내었다."

❇ **황금, 유향, 몰약(2:11)** 유향은 일종의 향료로 성전 제사 때 분향을 위해 사용했다. 몰약은 시체에 바르는 향료로 쓰이거나 사형수에게 주는 마취제로 쓰였다.

16 헤롯은 박사들에게 속은 것을 알고 매우 화가 났습니다. 그래서 사람을 보내어 베들레헴과 그 주변에 있는 두 살 아래의 모든 사내아이들을 죽였습니다. 이것은 그가 박사들로부터 알아낸 때를 기준으로 한 것입니다.

17 그래서 하나님께서 예언자 예레미야를 통해 말씀하신 것이 이루어졌습니다.

18 "라마에서 소리가 들려왔다. 슬피 울며 통곡하는 소리다. 라헬이 자기 아이들을 위해 우는데, 자식이 없으므로 위로받으려 하지 않는다."

19 헤롯이 죽자, 주의 천사가 이집트에 있는 요셉의 꿈속에 나타났습니다.

20

일어나라! 아기와 아기 엄마를 데리고
이스라엘 땅으로 돌아가거라.
아기의 목숨을 노리던 사람들이 죽었다.

마태복음 TIP

18절에 인용된 예레미야 31장 15절을 보면, 바벨론으로 끌려가는 이스라엘 자손을 바라보며 슬피 우는 라헬을 이스라엘 어머니들의 대표처럼 묘사하고 있습니다. 자녀를 잃은 베들레헴의 어머니들은 지금은 큰 슬픔으로 울지만, 나중에는 커다란 위로와 보상을 받을 것입니다. 바벨론으로 잡혀간 이스라엘 자손이 하나님의 섭리 가운데 돌아올 것이고, 다윗의 후손 중에 한 '의로운 가지'가 나서 공평과 정의를 실행할 것이기 때문입니다. 이집트로 피신한 예수님께서 다시 돌아와 하나님의 통치를 선포하시고, 십자가를 통한 구원을 이루실 것이기 때문입니다.

21 그래서 요셉은 아기와 아기 엄마를
데리고 이스라엘 땅으로 갔습니다.
22 그러나 아켈라오가 아버지 헤롯의 뒤를 이어 유대의 왕이 되었다는
소식을 듣고, 요셉은 그곳으로 가는 것을 두려워했습니다. 꿈에서 지시
를 받고 나서 요셉은 갈릴리 지방으로 갔습니다.
23 그는 나사렛이라는 마을로 가서,
거기서 살았습니다. 그래서 예언자를
통해서 "그는 나사렛 사람이라 불릴
것이다"라고 말씀하신 것이 이루어졌
습니다.

❊ **나사렛 사람(2:23)** 예수님은 나사렛에서 공생애 전까지 사셨다. 그곳은 선지자가 나올 수 없다고 여겨질 만큼 작고 보잘 것 없던 지역이었다.

마태복음 3장

1 그 무렵, 세례자 요한이 나타나서, 유대의 광야에서 전도를 시작하였습니다.

2 요한은 이렇게 말했습니다.

회개하시오.
하늘나라가 가까이 왔습니다.

3 세례자 요한은 예언자 이사야가 말한 바로 그 사람입니다.

광야에서 외치는 한 사람의 소리가 있다.
'주님의 길을 준비하고, 주님의 길을 곧게 펴라.'

4 요한은 낙타털로 만든 옷을 입고, 허리에 가죽띠를 둘렀습니다. 그는 메뚜기와 들에서 나는 꿀을 먹고 살았습니다.

5 예루살렘과 유대 지방과 요단 강 주변에 사는 사람들이 모두 요한에게 나아왔습니다.

6 그들은 자신이 지은 죄를 고백하고, 요단 강에서 요한에게 세례를 받았습니다.

7 수많은 바리새파 사람과 사두개파 사람들이 세례를 받으러 왔습니다. 요한은 그들을 보고 이렇게 말했습니다.

독사의 자식들아! 누가 너희들에게 다가올 하나님의 벌을 피하라고 일러주었느냐?

❊ **회개(3:2)** 자신이 죄인임을 인정하며 하나님께로 돌이켜 하나님의 뜻대로 살고자하는 근본적인 삶의 변화를 말한다.

❊ **낙타털로 만든 옷, 가죽띠(3:4)** 사막에 사는 유목민이 흔히 입던, 편하게 오래 입을 수 있는 매우 검소한 의복이었다.

8
너희는 회개의
열매를 맺어라.
9 "속으로 '아브라함이 우리의 조상이다'라고 생각하지
마라. 하나님께서는 이 돌로도 아브라함의 자손이 되
게 하실 수 있다.
10 도끼가 이미 나무뿌리에 놓여 있다. 좋은 열
매를 맺지 못하는 나무들은 모두 찍혀 불에 던
져질 것이다.
11 나는 물로 회개의 세례를 준다. 내 뒤
에 오실 분은 나보다 능력이 더 많으신
분이다. 나는 그분의 신발을 들고 다닐
자격도 없다. 그분은 너희에
게 성령과 불로 세례를 주
실 것이다.
12 그분은 손에 키를 들고 타작마당을 깨끗이 하여
알곡은 곳간에 두시고, 쭉정이는 꺼지지 않는 불에
태우실 것이다."
13 그때, 예수님께서 갈릴리로부터 요단 강에 오셨습니
다. 예수님께서는 요한에게 오셔서 세례를 받으려고 하
셨습니다.
14 그러자 요한은 이를 말리면서 말했습니다.
제가 예수님께 세례를 받아야
되는데, 도리어 예수님께서
제게 오셨습니까?
15 예수님께서 대답하셨습니다. "지금은 그렇게 하자. 우
리가 이와 같이 하여 모든 의를 이루는 것이 옳다." 그제
서야 요한이 예수님의 말씀을 따랐습니다.

❇ **키(3:12)** 곡식을 넣고 흔들어 쭉정이나 티끌을 골라내는 도구. 예수님이 오심으로 선과 악, 의와 불의가 구분되며 믿는 자와 믿지 않는 자의 구별이 있게 되었다.

16 예수님께서 세례를 받으시고 물 밖으로 나오시자, 하늘이 열렸습니다. 예수님은 하나님의 성령이 비둘기처럼 자신에게 내려오는 것을 보셨습니다.

17 그때, 하늘로부터 "이는 내 사랑하는 아들이며, 내가 기뻐하는 아들이다"라는 소리가 들려왔습니다.

마태복음 TIP

예수님은 죄가 없는 분이셨지만, 자진해서 세례 요한에게 세례를 받으셨습니다. 요한의 사역을 인정해주시고, 앞으로 우리의 죄를 위해 지실 십자가 세례를 준비하셨습니다. 예수님의 세례 현장에 성령께서 비둘기처럼 내려오셨고, 하나님의 음성이 들려오면서 삼위일체 하나님이 모두 나타나셨습니다. 하나님은 이제부터 예수님이 펼칠 사역이 성자 예수님만의 독자적인 사역이 아니라 삼위 하나님의 뜻과 능력이 하나 되어 나타나는 사역이 될 것임을 분명히 보여주셨습니다.

마태복음 4장

1 그 후, 예수님께서는 성령에게 이끌려 광야로 가셔서, 마귀에게 시험을 받으셨습니다.
2 예수님께서는 사십일 내내 금식하셔서, 매우 배가 고팠습니다.
3 시험하는 자가 예수님께 와서 이렇게 말했습니다.
만일 당신이 하나님의 아들이라면, 이 돌에게 빵이 되라고 명령해 보시오.
4 예수님께서 대답하셨습니다.
성경에 '사람이 빵으로만 살 것이 아니라, 하나님의 입에서 나오는 모든 말씀으로 살 것이다'라고 기록되어 있다.
5 그러자 마귀는 예수님을 거룩한 성으로 데리고 가서 성전 꼭대기에 세웠습니다.
6 마귀가 말했습니다. "만일 당신이 하나님의 아들이라면 뛰어내리시오. 성경에 '하나님께서 당신을 위해 천사들에게 명령하실 것이다. 그들은 손으로 당신을 붙잡아 발이 돌에 부딪히지 않도록 할 것이다'라고 기록되어 있소."

❄ **시험하는 자(4:3)** 예수님은 자신의 욕심이나 죄로 시험을 받으신 것이 아니라 최고의 대적이자 악의 근원인 마귀에게 시험을 받으셨고, 승리하셨다. ❄ **사람이 빵으로만 … 살 것이다(4:4)** 신명기 8장 3절을 인용한 것이다.

7 예수님께서 마귀에게 대답하셨습니다.
성경에 '주 너의 하나님을 시험하지 마라'고 기록되어 있다.
8 다시 마귀는 예수님을 높은 산으로 데리고 갔습니다. 마귀는 예수님께 세상의 모든 나라와 그 영화로운 모습을 보여주었습니다.
9 마귀는 이렇게 말했습니다.
만일 당신이 나에게 절하고 경배한다면, 이 모든 것을 주겠소.
10 예수님께서 마귀에게 말씀하셨습니다.
사탄아, 썩 물러가거라! 성경에 '오직 주 너희 하나님께만 경배하고, 그를 섬겨라!'고 기록되어 있다.
11 그러자 마귀가 예수님에게서 떠나가고, 천사들이 예수님께 와서 시중을 들었습니다.
12 예수님께서 요한이 감옥에 갇혔다는 소식을 들으시고, 유대에서 갈릴리로 돌아가셨습니다.

마태복음 TIP

예수님을 시험한 마귀의 근본적인 의도는 구원을 위한 하나님의 계획을 무너뜨리는 것이었습니다. 마귀는 이를 위해 인간의 지극히 기본적인 욕구(굶주림)를 이용하고, 심지어 말씀을 왜곡하여 인용(시편 91편 11-12절)하는 등 수단과 방법을 가리지 않고 예수님을 시험했습니다. 그러나 예수님께서는 모든 시험을 하나님의 말씀으로 물리치시며 인간으로서, 모든 믿는 자의 대표로서, 자신의 백성들을 대신하여 승리하셨습니다.

13 예수님께서는 나사렛을 떠나, 스불론과 납달
리 지역의 갈릴리 호숫가에 있는 가버나움으로
옮기시고, 거기서 사셨습니다.
14 이렇게 하여, 예언자 이사야의 말이 이루어졌습니다.
15 "스불론 땅과 납달리 땅, 호수로 가는 길목, 요단 강 건
너편, 이방 사람들이 사는 갈릴리,
16 이곳 어둠에 사는 백성들이 큰 빛을 보았다. 죽
음의 그늘과 같은 땅에 앉아 있는 사람들에게 빛이
비취었다."
17 이때부터, 예수님께서 "회개하라. 하늘나라가 가
까이 왔다"라고 외치며 전도를 시작하셨습니다.
18 예수님께서 갈릴리 호숫가를 거니시다가 두 형제, 베드
로라고 하는 시몬과 그의 동생 안드레가 호수에 그물을
던지는 것을 보셨습니다. 그들은 어부였습니다.
19 예수님께서 그들에게 말씀하셨습니다. "나를 따라오너
라. 내가 너희를 사람을 낚는 어부로 삼겠다."
20 그 즉시, 시몬과 안드레는 그물을 버려두고 예
수님을 따랐습니다.

❇ **베드로라고 하는 시몬(4:18)** '시몬'은 히브리식 이름으로 '들음'이라는 뜻이며, 베드로는 헬라식 이름으로 '반석'이라는 뜻이다.

21 예수님께서는 계속 거니시다가, 또 다른 두 형제, 세베대의 아들 야고보와 그의 동생 요한이 배 안에서 아버지 세베대와 함께 그물을 수선하고 있는 것을 보았습니다. 예수님께서 그들을 부르셨습니다.

22 그들도 그 즉시, 배와 아버지를 버려둔 채, 예수님을 따랐습니다.

23 예수님께서 갈릴리 모든 곳을 다니시며 유대인들의 회당 안에서 가르치시고, 하늘나라에 대한 기쁜 소식을 전해 주셨습니다. 그리고 사람들의 갖가지 병을 고쳐 주셨습니다.

24 예수님에 대한 소문이 시리아 전역으로 퍼졌습니다. 사람들은 병든 사람을 모두 데리고 예수님께 나아왔습니다. 그들은 여러 가지 병으로 고통받고 있었는데, 통증에 시달리는 사람, 귀신들린 사람, 간질병에 걸린 사람, 그리고 중풍에 걸린 사람들이었습니다. 예수님께서 그들을 고쳐 주셨습니다.

25 그리하여 갈릴리, 데가볼리, 예루살렘, 유대, 그리고 요단 강 건너편에서 온 많은 사람들이 예수님을 따랐습니다.

❊ **세베대의 아들 야고보(4:21)** 베드로와 요한과 더불어 가장 가까이에서 예수님을 따른 제자. 후에 열두 제자 중 가장 먼저 순교한 인물이 되며, 그의 순교 이후 초대교회에 대한 박해가 시작되었다.

마태복음 5장

1 예수님께서 사람들을 보시고 산으로 올라가 앉으셨습
니다. 그러자 제자들이 예수님께 다가왔습니다.

2 예수님께서 입을 열어 사람들을 가르치셨습니다.

3 "마음이 가난한 사람은 복이 있다. 하늘나라가 그들
의 것이다.

4 슬퍼하는 사람은 복이 있다. 그들이 위로를 받을 것
이다.

5 마음이 온유한 사람은 복이 있다. 그들이
땅을 상속받을 것이다.

6 의를 위해 주리고 목마른 사람은 복이 있다. 그들
이 배부를 것이다.

7 자비로운 사람은 복이 있다. 그들이 하나님의 자비를 입
을 것이다.

❇ **온유(5:5)** 부드러운 성품, 악에 대하여 참고 견디는 것. ❇ **주리다(5:6)** 제대로 먹지 못하여 배를 곯다. 또는 원하는 것을 얻지 못하여 몹시 아쉬워하다.

8 마음을 깨끗이 한 사람은 복이 있다. 그들이 하나님을 볼 것이다.
9 평화를 위해 일하는 사람은 복이 있다. 그들이 하나님의 아들이라고 불릴 것이다.
10 의롭게 살려고 하다가, 박해를 받는 사람은 복이 있다. 하늘나라가 그들의 것이다.
11 사람들이 나 때문에 너희를 모욕하고 박해하고 온갖 나쁜 말을 할 때, 너희에게 복이 있다."
12
기뻐하고 즐거워하여라. 하늘에서 너희의 상이 크다. 너희보다 먼저 살았던 예언자들도 이처럼 박해를 받았다.
13 "너희는 세상의 소금이다. 만일 소금이 그 맛을 잃으면, 무엇으로 짠맛을 내겠느냐? 맛을 잃은 소금은 아무 쓸모가 없게 되어 밖에 버려져 사람들에게 밟힐 뿐이다.
14 너희는 세상의 빛이다. 산 위에 있는 도시는 숨겨질 수 없다.
15 등불을 됫박 안에 두지 않고 등잔대 위에 놓는다. 그래야 등불이 그 집에 있는 모든 사람에게 빛을 비추게 될 것이다."
16
이와 같이 너희 빛을 사람들에게 비춰라. 그래서 사람들이 너희의 선한 행동을 보고 하늘에 계신 너희 아버지께 영광을 돌리게 하여라.

❇ **소금이 그 맛을 잃으면(5:13)** 사해의 물을 증발시켜 만든 소금은 다양한 성분이 포함되어있으나 일부는 쓴 맛을 내는 암석 덩어리와 같은 상태인 것도 있었다. 겉으로는 소금이나 먹을 수가 없는 소금이다.

17 “내가 모세의 율법이나 예언자들의 말씀을 깨뜨
리러 온 줄로 생각하지 마라. 나는 그들의 말씀을
깨뜨리러 온 것이 아니라 완성하러 왔다.

18 나는 너희에게 진정으로 말한다. 하늘과 땅이 없어지
기 전에는 율법의 아무리 작은 부분이라도 사라지지 않
고, 반드시 다 이루어질 것이다.

19 그러므로 누구든지 이 계명 가운데에 가장 작은 것 하나라도 어기거나
다른 사람에게 그렇게 하라고 가르치는 사람은 하늘나라에서 가장 작게
될 것이다. 그러나 누구든지 계명을 지키고 가르치면 하늘나라에서 크게
될 것이다.

20 내가 말한다. 너희 의가 율법학자들이나 바리새파 사
람보다 훨씬 낫지 않으면, 하늘나라에 들어가지 못할 것
이다.”

21 “예전에는 ‘살인하지 마라. 누구든지 살인을 하는
사람은 재판을 받을 것이다’라는 계명을 받았다고
너희가 들었다.

22 그러나 나는 너희에게 말한다. 자기 형제에게 화를 내는
사람은 재판정에 설 것이며, 자기 형제에게 나쁜 말을 하는
사람도 산헤드린 법정에 설 것이다. 또한 자기 형제에게 바
보라고 하는 사람은 지옥 불에 던져질 것이다.

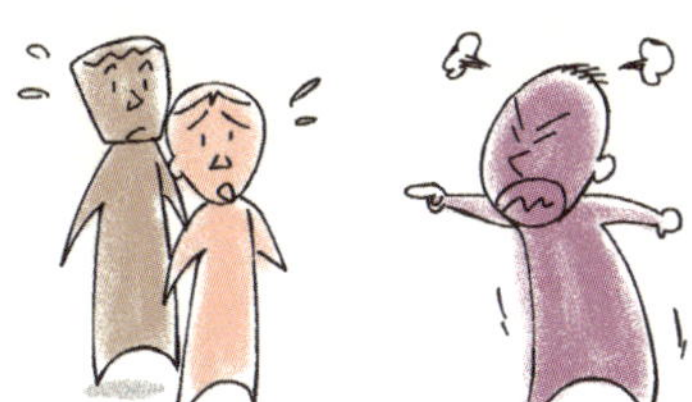

❇ **바리새파 사람(5:20)** 후기 제2성전 시대에 유대교 안에서 발생한 종교 분파 가운데 하나. 율법에 대한 엄격한 준수, 성경 외적인 관습과 전통들의 전수 등의 특징을 가지고 있다.

23 그러므로 네가 제단에서 예물을 드릴 때, 네 형제가 너에게 나쁜 감정을 갖고 있는 것이 생각나거든,

24 제단에 예물을 놓아두고, 가서 먼저 네 형제와 화해하여라. 그 후에 다시 와서 예물을 바쳐라.

25 너를 고소하는 사람이 함께 길에 있을 때에 빨리 화해하여라. 그렇지 않으면 그가 너를 재판관에게 넘기고, 재판관이 너를 간수에게 넘겨줘 감옥에 갇히게 될 것이다."

26
내가 진정으로 너희에게 말한다. 너희가 마지막 한 푼까지 다 갚기 전에는 그 감옥에서 나오지 못할 것이다.

27
'간음하지 마라'는 계명을 너희가 들었다.

28 "그러나 나는 너희에게 말한다. 누구든지 음란한 생각으로 여자를 바라보는 사람은 이미 마음속으로 그 여인과 간음한 것이다.

마태복음 TIP

22절에 나온 '나쁜 말'의 원어는 히브리어 '라가'이고, 이것을 그리스어로 번역한 것이 바로 뒤에 나오는 '바보'입니다. 두 표현 모두 종교적인 의미가 담긴 욕설로, 하나님께 불경스러운 자를 가리키는 말입니다. '지옥'의 원어인 그리스어 '게헨나'는 우상 숭배자들이 사람을 제물로 바치던 불길이 꺼지지 않고 타오르던 '힌놈의 골짜기'를 가리킵니다. 예수님께서 말씀하신 형벌은 죄에 비해 너무 무거워 보일 수 있습니다. 그러나 예수님은 살인이라는 외적인 행동만 다스리는 것으로는 하나님 나라의 완전한 새 질서를 회복할 수 없으며, 근본적인 사랑의 법 아래에 우리의 마음속 동기까지 다스림을 받아야함을 강조하고 계신 것입니다.

29 만일 네 오른쪽 눈이 죄를 짓게 하거든, 그 눈을 빼어 던져버려라. 네 몸 전체가 지옥에 던져지는 것보다 신체 중 하나를 잃는 것이 낫다."
30
만일 네 오른손이 죄를 짓게 하거든, 그 손을 잘라내어 던져라. 네 몸 전체가 지옥에 던져지는 것보다 신체 중 하나를 잃는 것이 낫다.
31 "'누구든지 아내와 이혼하는 사람은 이혼 증서를 주어야 한다'라는 계명을 너희가 들었다.
32 그러나 내가 너희에게 말한다. 음행한 경우 외에 자기 아내와 이혼하는 사람은 아내로 하여금 간음하게 하는 것이다. 이혼한 여자와 결혼하는 사람도 간음하는 것이다."
33 "또한 예전에는 '거짓 맹세를 하지 마라. 주께 한 맹세는 꼭 지켜야 한다'라는 계명을 받았다고 너희가 들었다.
맹세
34 그러나 내가 너희에게 말한다. 결코 맹세하지 마라. 하늘을 두고 맹세하지 마라. 하늘은 하나님의 보좌이기 때문이다.
맹세
35 땅을 두고 맹세하지 마라. 땅은 하나님의 발을 두시는 곳이기 때문이다. 예루살렘을 두고 맹세하지 마라. 예루살렘은 위대한 왕의 성이기 때문이다.

❊ **제단에서 예물을 드릴 때(5:23)** 성전에서 죄를 속하기 위해 제물을 드릴 때를 말한다. 회개와 예배가 어떤 행동보다 우선이라고 생각하기 쉬우나, 마음으로는 문제를 가지고 있으면서 겉으로만 하나님을 섬기는 것은 옳지 않다는 말씀이다.

36 네 머리를 두고 맹세하지 마라. 너희는 머리카락 하나도 희게 하거나, 검게 할 수 없기 때문이다.

37 너희는 '그렇다'라고 할 때만 '예' 하고, 아닐 때는 '아니오'라고 말해라. '예'나 '아니오' 이상의 말은 악한 생각에서 나오는 것이다."

38 "너희는 '눈에는 눈으로, 이에는 이로'라는 말을 들었다.

39 그러나 내가 너희에게 말한다. 나쁜 사람과 맞서지 마라. 만일 누가 네 오른쪽 뺨을 때리거든 다른 뺨도 돌려대라.

40 만일 누가 너희를 재판에 걸어 네 속옷을 가지려고 하거든 겉옷까지 내어 주어라.

41 만일 누가 너를 강제로 약 1.5킬로미터를 가게 하거든 그와 함께 약 3킬로미터를 가 주어라.

42 네게 달라고 하는 사람에게 주어라. 네게 꾸러 온 사람을 거절하지 마라."

43 "너희는 '네 이웃을 사랑하고 원수를 미워하라'고 말하는 것을 들었다.

❊ **세리(5:46)** 세금을 거두어들이는 관리로, 로마를 위해 일하며 동족인 유대인들에게 부당하게 세금을 더 거둬가기도 하여 사람들의 미움을 받았다.

44 그러나 나는 너희에게 말한다. 너희의 원수를 사랑하여라. 너희를 박해하는 사람들을 위해 기도하여라.
45 그러면 너희가 하늘에 계신 아버지의 아들이 될 것이다. 너희 아버지는 악한 사람이나 선한 사람 모두에게 햇빛을 비추시고, 의인과 죄인에게 비를 내려주신다.
46 만일 너희를 사랑하는 사람만 사랑한다면, 무슨 상을 받을 수 있겠느냐? 심지어 세리도 그만큼은 하지 않느냐?
47 만일 너희 형제들에게만 인사한다면, 다른 사람들보다 너희가 더 나을 것이 무엇이냐? 심지어 이방 사람들도 그만큼은 하지 않느냐?
48
그러므로 하늘에 계신 너희 아버지가
완전하신 것처럼 너희도 완전하도록 하여라.

마태복음 TIP

구약의 율법 중에 '눈에는 눈으로, 이에는 이로'라는 보복법의 핵심은 가해자가 피해자에게 입힌 손해나 피해만큼 처벌을 돌려받아, 형벌이 범죄에 상응하도록 정당한 처벌이 이루어지게 한 것입니다. 보복을 부추기는 법이 아니라, 가해자라 할지라도 더 큰 복수를 당하지 않도록 막으며 보복의 악순환을 방지하고자 하나님께서 세우신 법입니다. 그러나 바리새인들은 이 규정을 악용하여 보복과 분풀이를 정당화하곤 했습니다. 하지만 예수님께서는 오히려 그들과 반대로 사랑과 관용의 원리를 말씀하시며 율법의 완성을 제시해주셨습니다.

마태복음 6장

1 “남들에게 보이려고 다른 사람들 앞에서 의를
행하지 않도록 주의하여라. 그렇지 않으면 하늘
에 계신 아버지께 아무런 상도 받지 못할 것이다.

2 자선을 베풀 때, 위선자들처럼 네 앞에 나팔을
불지 마라. 그들은 사람들로부터 영광을 얻으려고
회당이나 길에서 나팔을 분다. 내가 너희에게 진정
으로 말한다. 그들은 이미 자기 상을 다 받았다.

3 자선을 베풀 때에는 네 오른손이 하는 일을 왼손이 모
르게 하여라.

4 아무도 너의 구제함을 모르게 하여라. 그러면 숨
어서 보시는 네 아버지께서 네게 갚아주실 것이다.”

마태복음 TIP

예수님 당시에는 사람들의 이목을 집중시킬 필요가 있을 때 나팔을 불었습니다. 전령들이 어떤 일을 공개적으로 알릴 때, 로마의 배우나 투사들이 극장 안으로 들어갈 때, 회당지기가 지붕에 올라가 안식일을 선포할 때 등이 그러한 경우였습니다. 예수님의 말씀을 문자 그대로 받아들여 자선을 베풀 때도 나팔을 불었을 것으로 보기도 하지만, 실제로 그런 증거는 찾아볼 수 없습니다. 단지 예수님은 사람들의 주의를 끄는 나팔 부는 행위에 빗대어, 남에게 보이려는 목적으로 자선을 베푸는 위선적인 행동을 비판하신 것입니다.

5 "기도할 때에 위선자들처럼 하지 마라. 그들은 사람들에게 보이려고 회당이나 길모퉁이에 서서 기도하기를 좋아한다. 내가 너희에게 진정으로 말한다. 그들은 이미 자기 상을 다 받았다.
6 기도할 때에 골방에 들어가 문을 닫고, 숨어 계시는 네 아버지께 기도하여라. 숨어서 보시는 네 아버지께서 네게 갚아주실 것이다.
7 기도할 때에 이방 사람들처럼 아무 의미 없는 말을 되풀이하지 마라. 그들은 많이 말해야 하나님께서 들어주실 것으로 생각한다."
8
그들을 닮지 마라. 너희 아버지께서는 구하기도 전에 너희에게 무엇이 필요한지 이미 아신다.
9 "그러므로 이렇게 기도하여라. '하늘에 계신 우리 아버지, 아버지의 이름이 거룩하게 여김을 받으소서.
10 아버지의 나라가 이루어지게 하소서. 아버지의 뜻이 하늘에서처럼 이 세상에서도 이루어지게 하소서.
11 오늘 우리에게 필요한 양식을 주소서.

❇ **골방(6:6)** 당시 집에서 창고로 사용하던 방. 다른 방과 달리 문이 있었다. ❇ **거룩(6:9)** 하나님의 완전하심, 또는 성도들이 세속적인 것들로부터 구별됨을 뜻한다.

12 우리에게 잘못한 사람을 우리가 용서해 준 것처럼 우리의 죄를 용서하여 주소서.

13 우리들을 시험에 빠지지 않게 하시고, 악으로부터 구원해 주소서.' (아버지는 나라와 권세와 영광을 가지고 계십니다. 아멘)

14 만일 너희가 다른 사람의 잘못을 용서하면, 하늘에 계신 너희 아버지께서도 너희의 죄를 용서해 주실 것이다.

15 그러나 만일 다른 사람을 용서하지 않는다면, 너희 아버지께서도 너희들의 잘못을 용서하지 않으실 것이다."

16 "금식할 때에 위선자들처럼 초췌한 모습을 보이지 마라. 그들은 자신들이 금식하는 것을 사람들에게 보이려고 초췌한 모습을 드러내려 한다. 내가 너희에게 진정으로 말한다. 그들은 이미 자기의 상을 다 받았다.

마태복음 TIP

금식은 음식마저 절제하며 자기 자신을 의지하는 마음을 버린 채 오직 하나님께 집중하고 기도하기 위한 것입니다. 바리새인들은 구약의 율법이 정한 금식 외에 구체적인 지침을 만들어 일주일에 두 번씩 정기적으로 금식했습니다. 그런데 그들은 금식을 하는 날이면 자신의 얼굴에 바른 재를 씻지 않고, 침울한 표정을 지으며 다녔습니다. 사람들 앞에서 금식하는 자신의 경건함과 종교적 열정을 과시하려 한 것입니다. 예수님께서는 금식 중에도 자신의 모습을 평소처럼 유지하라 하시며, 참된 금식은 다른 사람에게 보이려고 하는 것이 아닌 하나님을 향한 것임을 일깨워주셨습니다.

17 너는 금식할 때에 머리에 기름을 바르고 얼굴을 씻
어라.

18 그렇게 하여 다른 사람들에게 금식하는 것을 나타
내지 말고 오직 숨어 계시는 아버지께만 보여라. 숨어
서 보시는 네 아버지께서 네게 갚아주실 것이다."

19 "너희를 위하여 세상에 재물을 쌓아 두지 마
라. 땅에서는 좀이 먹거나 녹슬어 못 쓰게 되고
도둑이 와서 훔쳐 갈 것이다.

20 그러므로 너희의 재물을 하늘에 쌓아 두어라. 하늘에서
는 좀이 먹거나 녹슬지 않으며 도둑이 들어와 훔쳐 가지도
못할 것이다.

21 네 재물이 있는 곳에 네 마음도 있다."

22 "눈은 몸의 등불이다. 만일 네 눈이 밝으면, 네 온
몸이 밝을 것이다.

23 그러나 네 눈이 나쁘면, 온몸이 어두울 것이
다. 그러므로 네 안에 있는 빛이 어두우면, 그 어
두움이 얼마나 심하겠느냐?"

24 "아무도 두 주인을 섬기지 못한다. 한쪽을 미워하고 다른
쪽을 사랑하든지, 한쪽을 귀중히 여기고 다른 쪽을 업신여
길 것이다. 너희는 하나님과 재물을 같이 섬길 수 없다."

❄ **위선자(6:16)** 겉으로만 착한 척하는 사람. 다른 사람들 앞에서 겉치레하기를 좋아하는 사람들을 예수님께서 꾸짖으시는 표현이다. ❄ **좀(6:19)** 의류와 종이를 상하게 하는 해충.

25 "그러므로 내가 너희에게 말한다. 너희 목숨을 위하여
무엇을 먹을까, 또는 무엇을 마실까 걱정하지 마라. 몸을
위하여 무엇을 입을까 걱정하지 마라. 목숨이 음식보다
훨씬 소중하지 않느냐? 몸이 옷보다 훨씬 소중하지 않느냐?
26 하늘에 있는 새를 보아라. 새는 심지도 않고, 거두지도
않고, 창고에 쌓아 두지도 않는다. 그러나 하늘에 계신 너
희 아버지께서 새들을 먹이신다. 너희는 새보다 훨씬 더 귀
하지 않느냐?
27 너희 중에 누가 걱정해서 자기의 수명을 조금이
라도 연장할 수 있느냐?
28 너희는 왜 옷에 대해 걱정하느냐? 들에 피는 백합꽃이
어떻게 자라는가 생각해 보아라. 백합은 수고도 하지 않
고, 옷감을 짜지도 않는다.
29 그러나 내가 너희에게 말한다. 온갖 영화
를 누린 솔로몬도 이 꽃 하나에 견줄 만큼 아
름다운 옷을 입어 보지 못하였다.
30 하나님께서 오늘 있다가 내일이면 불 속에 던져질 들풀도 이
렇게 입히시는데, 너희를 더 소중하게 입히시지 않겠느냐? 믿
음이 적은 사람들아!

❇ **솔로몬(6:29)** 다윗 왕의 아들로 하나님의 성전을 지었으며, 이스라엘 역대 왕 중에 가장 큰 부와 영광을 누렸던 사람이다.

31 그러므로 '무엇을 먹을까?', '무엇을 마실까?', 혹은 '무엇
을 입을까?' 하면서 걱정하지 마라.

32 이런 걱정은 이방 사람들이나 하는 것이다.
하늘에 계신 너희 아버지께서는 너희에게 이 모
든 것이 필요한 줄을 아신다.

33 먼저 아버지의 나라와 아버지의 의를 구하여라. 그
러면 이 모든 것들이 너희에게 덤으로 주어질 것이다.

34 그러므로 내일 일을 걱정하지 마라. 내일 일은 내일
걱정할 것이고, 오늘의 고통은 오늘로 충분하다."

❊ **이방 사람들(6:32)** 여기서는 유대 민족과 구별되는 다른 민족의 사람들이 아니라, 하나님을 아버지로 믿지 못하는 사람들을 가리킨다.

마태복음 7장

1 "비판을 받지 않으려면, 비판하지 마라.

2 너희가 비판한 그대로 비판을 받을 것이며, 너희가
판단한 기준에 따라 너희도 판단받을 것이다.

3 어찌하여 네 형제의 눈 속에 있는 작은
티는 보면서, 네 눈 속에 있는 나무토막
은 보지 못하느냐?

4 네 눈 속에 나무토막이 있으면서, 어떻게 네 형제에게 '네 눈 속에
있는 작은 티를 빼주겠다'라고 말할 수 있느냐?

5 위선자들아! 먼저 네 눈 속에 있는 나무토막을 빼내어라. 그 후에
야 잘 보여서 네 형제의 눈 속에 있는 티를 빼낼 수 있을 것이다.

6 거룩한 것을 개에게 주지 마라. 진주를 돼지 앞에 던지지
마라. 개나 돼지는 그것을 짓밟고, 뒤돌아서서 너희를 물
어 버릴 것이다."

7 "구하라, 그러면 너희에게 주실 것이다. 찾아라,
그러면 발견할 것이다. 두드려라, 그러면 문이 너
희에게 열릴 것이다.

❋ **비판(7:1)** 옳고 그름을 가리어 판단하거나 밝힘. ❋ **티(7:3)** 먼지처럼 아주 잔 부스러기. ❋ **개·돼지(7:6)** 하나님의 진리를 깨닫지 못하고 반대하는 사람, 악한 생각과 행동에 완전히 빠진 사람을 상징한다.

8 구하는 사람은 누구든지 받을 것이다. 찾는 사람은 찾을 것이다. 그리고 두드리는 사람에게는 문이 열릴 것이다.
9 아들이 빵을 달라고 하는데, 너희 중에서 누가 돌을 주겠느냐?
10 아들이 생선을 달라고 하는데, 누가 뱀을 주겠느냐?
11 비록 너희가 나쁜 사람이라 할지라도, 자녀에게 좋은 것을 주려고 하는데, 하물며 하늘에 계신 너희 아버지께서 구하는 사람에게 좋은 것을 주시지 않겠느냐?"
12 "다른 사람이 너희에게 해 주었으면 하는 대로, 너희가 다른 사람들에게 모두 해 주어라. 이것이 율법과 예언자의 내용이다."
13 "좁은 문으로 들어가거라. 멸망으로 가는 문은 넓고 그 길이 쉬워, 많은 사람들이 그곳으로 들어간다.
14 그러나 생명으로 가는 문은 작고 그 길이 매우 좁아, 그곳을 찾는 사람이 적다."
15 "거짓 예언자들을 조심하여라. 그들은 양의 옷을 입고 너희에게 다가온다. 그러나 그 속은 굶주린 늑대이다.

❇ **거짓 예언자(7:15)** 말씀을 왜곡하여 전하거나 하나님께 받지도 않은 말을 거짓으로 전하며 사람들을 속이는 자들.

16 그들의 열매를 보고, 그들을 알 것이다. 가
시나무에서 포도를 딸 수 있느냐? 엉겅퀴에서
무화과를 딸 수 있느냐?

17 마찬가지로 좋은 나무는 모두 좋은 열매를 맺고, 나쁜 나무
는 나쁜 열매를 맺는다.

18 좋은 나무가 나쁜 열매를 맺을 수 없
고, 나쁜 나무가 좋은 열매를 맺을 수
없다.

19 좋은 열매를 맺지 못하는 나
무는 모두 잘려서 불 속에 던져
진다.

20 그러므로 열매를 보고 그들을
알 것이다."

21 "나에게 '주님, 주님'이라고 말하는 사람
모두가 하늘나라에 들어가는 것은 아니다.
하늘에 계신 내 아버지의 뜻대로 행하는
사람만이 하늘나라에 들어갈 것이다.

22 그날에 많은 사람이 나에게 이렇게 말할 것이다. '주님, 주님,
우리가 주님의 이름으로 예언하고, 주님의 이름으로 귀신을 내쫓
고, 주님의 이름으로 많은 기적을 베풀지 않았습니까?'

23 그때, 내가 분명하게 그들에게 말할 것이다. '나는 너희를 모른
다. 악한 일을 행하는 자들아, 내게서 썩 물러나라.' "

❋ **나무, 열매(7:17)** 나무는 사람의 마음과 인격을 비유한 것이고, 열매는 겉으로 드러나는 말과 행동을 말한다.

24 "내 말을 듣고, 그대로 행하는 사람은 바위 위에 집을 지은 지혜로운 사람과 같다.

25 비가 내리고, 홍수가 나고, 바람이 불어 그 집에 몰아쳐도 그 집은 무너지지 않았다. 왜냐하면 그 집은 바위 위에 지어졌기 때문이다.

26 내 말을 듣고도 행하지 않는 사람은 모래 위에 집을 세운 어리석은 사람과 같다.

27 비가 내리고, 홍수가 나고, 바람이 불어 그 집에 몰아쳤을 때, 그 집은 쉽게 무너졌는데, 그 무너진 정도가 심하였다."

28 예수님께서 이 모든 말씀을 마치셨습니다. 사람들은 예수님의 가르침에 놀랐습니다.

29 그것은 율법학자들과는 달리 예수님께서 권위를 지닌 분처럼 가르치셨기 때문입니다.

마태복음 TIP

갈릴리 호수를 둘러싸고 있는 모래는 뜨거운 여름철이면 표면이 굳어 바위처럼 단단합니다. 그러나 겨울이 되어 많은 양의 겨울비가 쏟아지면 모래가 다시 물러지고 홍수가 나곤 했습니다. 그 때문에 갈릴리 지역에 집을 지으려면 땅을 깊이 파고 모래 아래에 있는 암반까지 도달해 주추를 세워 집을 지어야 했습니다. 예수님께서는 쉬운 길이 아닐지라도 예수님의 말씀 위에 자신의 삶을 세워 순종하는 사람들을, 수고롭더라도 깊이 땅을 파고 안전한 반석 위에 집을 세우는 지혜로운 건축자의 모습에 비유하시며 가르침을 주셨습니다.

마태복음 8장

1 예수님께서 산에서 내려오시자, 많은 사람들이 따라 왔습니다.

2 어떤 문둥병 환자가 예수님께 다가와서 절을 하고 말했습니다. "주여, 주님은 하고자 하시면 저를 낫게 하실 수 있습니다."

3 예수님께서 손을 내밀어 그 사람에게 대시며 말씀하셨습니다. "내가 너를 고쳐 주길 원한다. 깨끗하게 나아라!" 그러자 바로 그 사람의 문둥병이 나았습니다.

4 예수님께서 그에게 말씀하셨습니다.

아무에게도 이 일을 말하지 마라.
다만 가서 제사장에게 네 몸을 보여주어라.
그리고 모세가 명령한 대로 예물을 바쳐서,
사람들에게 증거로 삼아라.

5 예수님께서 가버나움이라는 마을에 들어가셨을 때, 한 백부장이 예수님께 와서 도움을 청했습니다.

6 백부장이 말했습니다.

주님, 제 종이 집에 중풍으로
누워 있는데, 매우 고통을
받고 있습니다.

❖ **문둥병(8:2)** 피부에 살점이 불거져 나오는 등 손발이나 얼굴에 변형이 오는 만성 전염병. ❖ **예물(8:4)** 문둥병 환자는 정해진 규례에 따라 제물을 드리고 치유 사실을 입증 받은 후에야 다시 공동체에 돌아올 수 있었다.

7 예수님께서 말씀하셨습니다.
내가 가서 고쳐 주겠다.
8 백부장이 대답했습니다.
주님, 저는 주님을 집에 모실 만한 자격이 없습니다. 그저 말씀만 해 주십시오. 그러면 제 종이 나을 것입니다.
9 "제 자신도 다른 사람의 부하이고, 제 밑에도 부하들이 있습니다. 제가 부하에게 '가거라' 하면 그가 가고, '오너라' 하면 그가 옵니다. 그리고 부하에게 '이것을 하라' 하면 그것을 합니다."
10 예수님께서 이 말을 들으시고 놀라시며, 따라오던 사람들에게 말씀하셨습니다.
내가 진정으로 말한다. 나는 지금까지 이스라엘에서 이같이 큰 믿음을 가진 사람을 본 적이 없다.
11
내가 너희에게 말한다. 많은 사람들이 동쪽과 서쪽에서 와서, 하늘나라에서 아브라함, 이삭 그리고 야곱과 함께 앉아서 먹을 것이다.
12 "그러나 이 나라의 아들들은 바깥 어두운 곳에 던져져, 그곳에서 슬피 울며 고통스럽게 이를 갈 것이다."
13 예수님께서 백부장에게 말씀하셨습니다. "가거라. 네가 믿은 대로, 네게 이루어질 것이다." 그러자 백부장의 종이 그 순간에 치료되었습니다.

❇ **중풍(8:6)** 뇌혈관의 장애로 갑자기 정신을 잃고 넘어져서 반신불수, 언어 장애 따위의 후유증을 남기는 병.

❇ **백부장(8:8)** 군인 백 명의 우두머리. 로마 군대의 가장 작은 단위인 '센추리(Century)'의 지휘관.

14 예수님께서 베드로의 집에 가셨을 때, 베드로의 장모가 열이 높아서 누워 있는 것을 보셨습니다.

15 예수님께서 그 여자의 손을 만지시니, 열이 사라졌습니다. 그 여자가 일어나 예수님을 대접했습니다.

16 저녁이 되자, 사람들이 예수님께 귀신들린 사람들을 많이 데리고 왔습니다. 예수님께서 말씀으로 귀신을 쫓아내시고, 모든 병자들을 고쳐 주셨습니다.

17 이것은 예언자 이사야가 말한 것을 이루려고 하신 것입니다. "그는 우리의 연약함을 짊어지셨고 우리의 질병을 떠맡으셨다."

18 주위에 모여든 사람들을 보시고, 예수님께서 제자들에게 호수 건너편으로 가자고 말씀하셨습니다.

19 그때, 한 율법학자가 예수님께 나아와 말했습니다. "선생님, 저도 선생님이 가시는 곳이라면 어디든지 따라가겠습니다."

20 예수님께서 그에게 대답하셨습니다.

여우도 굴이 있고, 공중의 새도 둥지가 있지만,
인자는 머리 둘 곳조차 없다.

21 제자들 중에서 한 사람이 예수님께 말했습니다.

주님, 제가 먼저 가서 아버지의 장례를
치르도록 허락해 주십시오.

❖ **그는 우리의 … 떠맡으셨다(8:17)** 이사야 53장 4절의 말씀을 인용한 것이다. 마태는 유대인들을 대상으로 본문을 쓰고 있으므로 예수님의 일거수일투족을 예언의 성취로 연결한다.

22 예수님께서 그에게 말씀하셨습니다. "나를 따르라. 죽은 사람의 장례는 죽은 사람이 치르도록 하여라."
23 예수님께서 배를 타시자, 제자들이 함께 따라왔습니다.
24 호수에 매우 거친 폭풍이 일어나, 파도가 배를 뒤덮었습니다. 그러나 예수님께서는 주무시고 계셨습니다.
25 제자들이 가서 예수님을 깨웠습니다.
주님, 살려 주십시오! 우리가 빠져 죽을 지경입니다.
26 예수님께서 "왜 무서워하느냐? 믿음이 적은 자들아!" 하고 말씀하셨습니다. 그리고 일어나 바람과 바다를 꾸짖으시자, 아주 잠잠해졌습니다.
27 사람들이 놀라서 말했습니다. "도대체 예수님은 어떤 분이길래 바람과 바다도 이분의 말씀에 순종하는가!"
28 예수님께서 호수 건너편 가다라 지방에 오셨을 때였습니다. 귀신들린 두 사람이 무덤 사이에서 나오다가 예수님과 마주쳤습니다. 이들은 너무 사납기 때문에 아무도 그 길로 지나다닐 수 없을 정도였습니다.

❇ **무덤 사이(8:28)** 영적으로 죽어있는 비참함을 보여줄 뿐 아니라, 귀신이 들려 사람들과의 모든 관계도 끊어졌음을 보여준다.

29 그 두 사람이 소리쳤습니다.
하나님의 아들이여, 당신이 우리와 무슨 상관이 있습니까? 때가 되기도 전에 우리를 괴롭히려고 여기에 오셨습니까?
30 마침, 거기서 얼마간 떨어진 곳에 많은 돼지 떼가 먹이를 먹고 있었습니다.
31 귀신들이 예수님께 간청했습니다.
만일 우리를 이 사람들에게서 쫓아내시려면, 저 돼지 떼 속으로 보내 주십시오.
32 예수님께서 그들에게 말씀하셨습니다. "가거라!" 귀신들은 그 사람들에게서 빠져나와 돼지 떼 속으로 들어갔습니다. 그러자 돼지 떼가 산 아래에 있는 호수로 달려가더니, 모두 물 속에 빠져 죽었습니다.
33 돼지를 치던 사람들은 마을로 달려가서, 귀신들린 사람들에게 일어난 모든 일들을 사람들에게 이야기 했습니다.
34 그러자 온 마을 사람들이 예수님께 나아와 예수님을 보고 자기 마을을 떠나가 달라고 말했습니다.

마태복음 TIP

귀신 들린 두 사람을 고쳐 주신 사건이 일어난 가다라는 당대의 대표적인 이방인 지역이었습니다. 유대인들은 율법에 따라 돼지를 의식상 부정한 동물로 여겨 먹거나 키우지 않았는데, 돼지 떼가 먹이를 먹고 있던 것으로 보아 이방인이 거주하던 곳임을 알 수 있습니다. 그렇기에 이 사건은 구원사적인 면에서 그 의미가 큽니다. 예수님께서 유대가 아닌 이방 지역에서 기승을 부리는 마귀의 세력을 제압하심으로써 이방 선교를 준비하신 것이기 때문입니다.

마태복음 9장

1 예수님께서 배를 타시고, 호수를 가로질러 고향으로 돌아오셨습니다.

2 그때, 사람들이 중풍병 환자 한 사람을 침상에 누인 채 예수님께로 데려왔습니다. 예수님께서 사람들의 믿음을 보시고 중풍병 환자에게 말씀하셨습니다. "안심하여라, 아들아! 네 죄가 용서받았다."

3 몇몇 율법학자들이 속으로 말했습니다. '이 사람이 하나님을 모독하는구나.'

4 예수님께서 그들의 생각을 아시고 말씀하셨습니다. "어찌하여 너희가 마음속으로 악한 생각을 하느냐?

5 '네 죄가 용서받았다'라고 하는 것과 '일어나 걸어라' 하고 말하는 것 중에서 어느 것이 더 쉽겠느냐?

6 그러나 인자가 땅에서 죄를 용서할 권세를 가지고 있다는 것을 너희에게 보여주기 위함이었다." 그리고 예수님께서 중풍병 환자에게 말씀하셨습니다. "일어나 네 침상을 가지고 집으로 가거라."

7 그러자 그 사람이 일어나 집으로 갔습니다.

❇ **믿음을 보시고(9:2)** 9장에 등장하는 치유 사역에서 공통적으로 찾아볼 수 있는 요소는 예수님을 믿는 그들의 믿음이었다. ❇ **모독(9:3)** 말이나 행동으로 더럽혀 욕되게 함.

8 사람들이 이것을 보고 두려워하며, 사람에게 이런 권세를 주신 하나님께 영광을 돌렸습니다.

9 예수님께서 그곳을 떠나 길을 가시다가, 마태라는 사람이 세관에 앉아 있는 것을 보셨습니다. 예수님께서 그에게 말씀하셨습니다. "나를 따라오너라." 그러자 마태는 일어나서 예수님을 따라갔습니다.

10 예수님께서 마태의 집에서 식사를 하실 때였습니다. 많은 세리들과 죄인들이 와서, 예수님과 제자들로 더불어 함께 식사를 하고 있었습니다.

11 바리새파 사람들이 이것을 보고 제자들에게 말했습니다. "어째서 너희 선생님은 세리들과 죄인들하고 함께 어울려 식사를 하느냐?"

12 예수님께서 이 소리를 들으시고 말씀하셨습니다. "건강한 사람은 의사가 필요 없으나, 환자들은 의사가 필요하다.

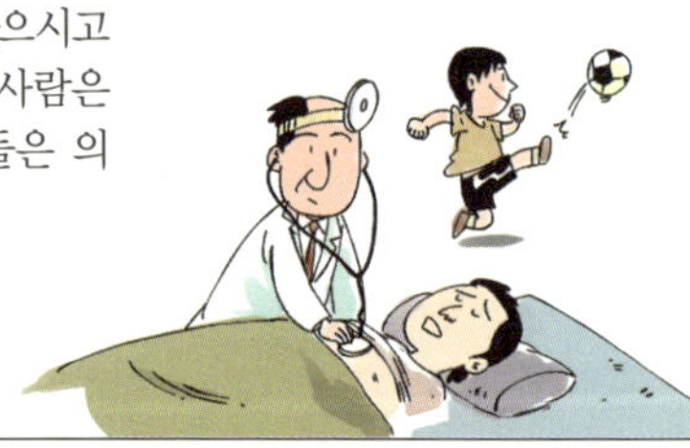

마태복음 TIP

마태의 직업은 세리였습니다. 세리는 창녀와 더불어 유대인들이 매우 혐오하는 계층이었습니다. 로마의 위임을 받아 세금을 거두는 과정에서 사욕을 채우려고 더 많은 돈을 거두어들이는 경우가 많았기 때문입니다. 바리새인들은 마태가 세리라는 것에 주목했지만, 예수님께서는 마태의 영혼에 주목하셨고, 그를 제자로 부르셨습니다. 누가는 누가복음에서 예수님의 부름을 받은 마태가 망설임 없이 '모든 것을 버려두고 일어나 예수님을 따라'갔다고 했습니다. 마태가 이미 예수님의 가르침을 듣고 그분을 따라 살기로 마음이 변화되어 있었음을 추측할 수 있는 대목입니다.

13 너희는 가서 '나는 희생제물보다 자비를 원한다'
라는 말씀이 무슨 뜻인지 배워라. 나는 의인을 부
르러 온 것이 아니라, 죄인을 부르러 왔다."

14 그때, 요한의 제자들이 예수님께 와서 말했습니다.

우리들과 바리새파 사람들은 자주 금식을 하는데, 왜 선생님의 제자들은 전혀 금식을 하지 않습니까?

15 예수님께서 이들에게 대답하셨습니다. "결혼식에 참석
한 사람들이 신랑과 함께 있을 때, 슬퍼할 수 있느냐? 그
러나 신랑을 빼앗길 날이 올 텐데, 그때는 금식할 것이다.

16 그 누구도 새 천조각을 낡은 옷에 대고 깁지 않
는다. 만일 그렇게 하면, 새 천조각이 그 옷을 잡
아당겨 더 심하게 찢어질 것이다.

17 그 누구도 새 포도주를 낡은 가죽 부대에 담
지 않는다. 만일 그렇게 하면, 낡은 부대가 터져
포도주가 쏟아지고, 가죽 부대도 못 쓰게 될 것
이다. 새 포도주는 새 가죽 부대에 넣어야 한다.
그래야 둘 다 보존될 수 있다."

18 예수님께서 이 말씀을 하시는 동안, 회당장이 와서 예수님께
절하고 말했습니다.

제 딸이 조금 전에 죽었습니다. 오셔서 손을 얹어 주십시오. 그러면 다시 살아날 것입니다.

19 예수님께서 일어나 회당장을 따라가셨습
니다. 제자들도 같이 갔습니다.

❊ **회당장(9:18)** 회당 관리자로 예배의 사회를 맡고, 선지서를 읽고, 기도를 하고 설교를 할 사람을 택하는 일을 했다. 마가와 누가에 의하면 여기 등장하는 회당장의 이름은 야이로이다.

20 가는 길에, 십이 년 동안, 혈루증을 앓아 온 한 여자가 예수님의 뒤로 와서 옷깃을 만졌습니다.

21 그녀는 속으로 '예수님의 옷을 만지기만 해도 내가 나을 거야!'라고 생각했던 것입니다.

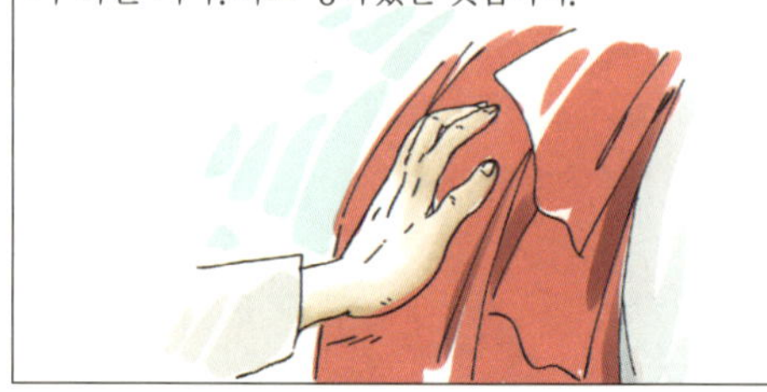

22 예수님께서 뒤돌아서서 그 여자를 보고 말씀하셨습니다. "안심하여라, 딸아! 네 믿음이 너를 구원하였다." 그 즉시, 그 여자의 병이 나았습니다.

23 예수님께서 회당장의 집에 도착했을 때였습니다. 예수님은 피리를 부는 사람들과 떠드는 사람들을 보셨습니다.

24 예수님께서 말씀하셨습니다. "물러나라. 소녀는 죽은 것이 아니라 자고 있는 것이다." 그러자 사람들이 예수님을 비웃었습니다.

25 사람들을 밖으로 내보낸 뒤, 예수님께서 들어가셔서 소녀의 손을 잡았습니다. 그러자 소녀가 일어났습니다.

26 이 소식은 온 동네 사방으로 퍼져 나갔습니다.

❇ **혈루증(9:20)** 알 수 없는 원인으로 많은 하혈을 하는 병. ❇ **피리 부는 사람(9:23)** 애도 의식에는 음악가들이 고용되어 악기를 연주하거나 큰소리로 울었다.

27 예수님께서 거기를 떠나가실 때, 보지 못하는 두 사람이 예수님을 따라오면서 소리 질렀습니다.
다윗의 자손이여, 우리를 불쌍히 여겨 주소서.
28 예수님께서 집 안으로 들어가시자, 보지 못하는 사람들이 예수님께 나아왔습니다. 예수님께서 그들에게 물으셨습니다. "내가 너희를 보게 할 수 있다고 믿느냐?" 그들이 대답했습니다. "그렇습니다, 주님."
29 예수님께서 그들의 눈을 만지시며 말씀하셨습니다. "너희의 믿음대로 너희에게 이루어져라."
30 그러자 그들의 눈이 뜨였습니다. 예수님께서 그들에게 매우 엄중히 이르셨습니다. "이 일을 아무에게도 알리지 마라."
31 그러나 두 사람은 나가서 예수님에 대한 소문을 사방에 퍼뜨렸습니다.

마태복음 TIP

예수님의 치유를 바라는 사람들이 예수님을 부르며 외치는 '다윗의 자손'이라는 표현은 구약에 예언된 다윗의 왕권을 이어받는 메시아를 일컫는 말입니다. 보지 못하던 두 사람은 예수님을 처음으로 '다윗의 자손'으로 부르며, 바로 그 메시아로 고백하고 있습니다. 그들은 메시아가 오면 보지 못하는 자를 보게 하신다는 예언을 토대로 예수님께 치유를 요청했습니다. 예수님은 그들의 믿음을 보시고 그들을 치유해 주십니다.

32 그들이 떠나갔을 때, 사람들이 귀신들려 말하지 못하는 사람을 데리고 예수님께 왔습니다.
33 예수님께서 귀신을 내쫓자, 말 못했던 사람이 말을 하게 되었습니다. 사람들은 놀라서 말했습니다. "이스라엘에서 이와 같은 일이 일어난 적이 없었다."
34 그러나 바리새파 사람들은 말했습니다.
그는 우두머리 귀신의 힘으로 귀신을 내쫓는 것이다.
35 예수님께서 모든 성읍과 마을을 두루 다니셨습니다. 예수님께서는 유대인의 회당에서 가르치기도 하셨고, 하나님 나라에 대한 기쁜 소식을 전하기도 하셨습니다. 그리고 온갖 질병과 고통을 치료해 주셨습니다.
36 예수님께서는 사람들을 불쌍히 여기셨습니다. 그것은 사람들이 마치 목자 없는 양처럼 내팽개쳐져 고통을 당하고 있었기 때문입니다.
37 예수님께서 제자들에게 말씀하셨습니다.
추수할 것은 넘쳐나는데, 일꾼이 적구나.
38
그러므로 추수할 밭의 주인에게 간청하여 일꾼들을 추수할 밭으로 보내 달라고 하여라.

❊ **추수할 것, 일꾼(9:37)** 추수할 것은 복음을 듣고 구원받아야 할 자들이고, 일꾼은 복음을 전할 사람을 말한다.

마태복음 10장

1 예수님께서 열두 명의 제자를 부르셨습니다. 그리고 제자들에게 더러운 영을 쫓고, 모든 병과 허약함을 치료하는 권능을 주셨습니다.

2 열두 제자의 이름은 이렇습니다. 베드로라고도 불리는 시몬과 그의 동생 안드레, 세베대의 아들 야고보와 그의 동생 요한,

3 빌립과 바돌로매, 도마와 세리 출신인 마태, 알패오의 아들 야고보, 다대오,

4 열심당원 시몬과 가룟 출신 유다입니다. 유다는 예수님을 배반한 사람입니다.

5 예수님께서 열두 제자를 보내시며 이렇게 지시하셨습니다. "이방 사람의 길로 가지 말고, 사마리아 성에도 들어가지 미라.

6 너희는 이스라엘 집의 잃은 양에게로 가거라.

7 가면서 이렇게 전하여라. '하늘나라가 가까이 왔다.'

❇ **베드로라고도 불리는 시몬(10:2)** '시몬'은 히브리식 이름으로 '들음'이라는 뜻이며, 베드로는 헬라식 이름으로 '반석'이라는 뜻이다. ❇ **열심당원(10:4)** 로마의 지배에 무력으로 대항하는 혁명조직.

8 환자들을 고쳐 주고, 죽은 사람을 일으켜 세워라. 문둥병 환자를 깨끗하게 하고, 귀신을 내쫓아라. 너희가 거저 받았으니, 거저 주어라.

9 금이나, 은이나, 동전을 네 허리의 돈 주머니에 넣어 두지 마라.

10 여행용 가방도 가지지 말고, 옷 두 벌이나, 신발이나, 지팡이도 가지지 마라. 일꾼은 자기 생활비를 받는 것이 당연하다.

11 어느 도시나 마을에 들어가든지 거기서 마땅한 사람을 찾아 떠날 때까지 그곳에 머물러라.

12 그 집에 들어가면서 평안을 빌며 인사하여라.

13 만일 그 집이 평안을 받을 만하면 너희가 빌어 준 평안이 거기에 머물게 하고, 평안을 받을 만하지 않다면 다시 그 평안이 너희에게 돌아갈 것이다.

14 누구든지 너희를 맞아들이기를 거절하거나 너희 말을 귀기울여 듣지 않으면, 그 집이나 도시를 떠날 때, 네 발의 먼지를 털어 버려라.

15 내가 너희에게 진정으로 말한다. 심판의 날에 그 마을이 소돔과 고모라보다 더 많은 심판을 받을 것이다."

❇ **먼지를 털어(10:14)** 당시 유대인들은 이방 지역을 지나오면 발의 먼지를 털어 그들과 상종하지 않음을 나타냈다. 마찬가지로 복음을 거절하는 자들에게 이런 행동을 통해 심판의 분명한 메시지를 전달하라는 의미이다.

16 "들어라! 내가 너희를 보내는 것이 마치 늑대 무리
속으로 양을 보내는 것과 같다. 그러므로 뱀처럼 지
혜롭고 비둘기처럼 순결하여라.

17 사람들을 조심하여라. 그들은 너희를 법정에 넘기고,
회당에서 채찍질할 것이다.

18 나 때문에 너희는 총독들과 왕들 앞에 끌려갈
것이다. 너희는 그들과 이방 사람들에게 증언하
게 될 것이다.

19 사람들이 너희를 잡아 넘길 때, 무엇을 어떻게 말해야 할
지 걱정하지 마라. 그때에 너희가 말해야 할 것을 다 알려
주실 것이다.

20 말하는 이는 너희가 아니다. 너희 아버지의 영이 너희
속에서 말씀하시는 것이다.

21 형제가 형제를 배신하여 죽게 하고, 아버지 또
한 자녀를 그렇게 할 것이다. 자녀가 부모를 대적
하여 죽게 할 것이다.

22 내 이름 때문에 너희가 미움을 받을 것이다. 그
러나 끝까지 견디는 사람은 구원을 얻을 것이다.

23 이 마을에서 너희를 핍박하면, 다른 마을로 피하여라.
내가 진정으로 너희에게 말한다. 너희가 이스라엘 모든
마을을 다 다니기 전에 인자가 올 것이다."

❇ **소돔과 고모라(10:15)** 아브라함 시대 때, 하나님께 가장 강력한 심판을 받았던 성읍이다. ❇ **인자(10:23)** 예수님께서 자신을 가리키는 호칭으로 자주 사용하신 표현.

24

제자가 스승보다 높지 않고,
종이 주인보다 높지 않다.

25 "제자가 스승만큼 되고, 종이 주인과 같이 된다면 더 바랄 것이 없다. 그들이 집주인을 바알세불이라고 불렀으니, 그 가족들을 부를 때는 얼마나 심한 말로 부르겠느냐?"

26 "그러므로 사람들을 두려워하지 마라. 덮였던 것은 모두 벗겨질 것이고, 감추어졌던 것은 다 알려질 것이다.

죄
죄
죄

27 내가 어두운 데서 말한 것을 너희는 빛 가운데서 말하여라. 너희가 귓속말로 들은 것을 지붕 위에서 외쳐라.

28 몸은 죽일 수 있으나 영혼은 죽일 수 없는 사람들을 두려워 마라. 영혼과 몸을 모두 지옥에 던져 멸망시킬 수 있는 분을 두려워하여라.

29 참새 두 마리가 동전 한 개에 팔리지 않느냐? 그러나 너희 아버지가 아니고서는 한 마리도 땅에 떨어질 수 없다.

30 심지어 너희 머리카락의 수까지도 하나님은 아신다.

❇ **바알세불(10:25)** 신약에서 '귀신의 왕(사단)'으로 불리던 팔레스타인의 토착신 '바알세붑'을 가리킨다. 이 이름의 뜻은 바알세붑과 달리 '왕이신 바알' 또는 '하늘의 주'다.

31 그러므로 두려워 마라. 너희는 참새 여러 마리보
다 훨씬 더 귀하다."
32 "누구든지 사람들 앞에서 나를 인정하는 사람은, 나도
하늘에 계신 나의 아버지 앞에서 그를 인정할 것이다.
33 그러나 누구든지 사람들 앞에서 나를 모른다
고 하면, 나도 하늘에 계신 나의 아버지 앞에서
그를 모른다고 할 것이다."
34 "내가 세상에 평화를 주러 온 줄로 생각하지 마라. 평화
가 아니라 칼을 주러 왔다.
35 나는 아들이 아버지를, 딸이 어머니를,
며느리가 시어머니를 거슬러서 서로 다투
게 하려고 왔다.
36 사람의 원수가 자기의 가족이 될 것이다.
37 누구든지 나를 사랑하는 것보다 자기 부모를 더
사랑하면, 나의 제자가 될 자격이 없다. 누구든지 나
를 사랑하는 것보다 자기 아들과 딸을 더 사랑하면,
나의 제자가 될 자격이 없다.
38 자기 십자가를 지고 나를 따르지 않는 사람은 내 제
자가 될 자격이 없다.

❇ **칼(10:34)** 여기서 '칼'은 분열을 상징한다. 사람들은 필연적으로 예수님을 믿는 사람과 그렇지 않은 사람으로 나뉠 수밖에 없다.

39 자기의 목숨을 찾으려고 하는 사람은 잃게 될 것이며, 나를 위하여 자기 목숨을 버리는 사람은 얻게 될 것이다."

40 "너희를 맞아들이는 사람은 나를 맞아들이는 것이다. 나를 맞아들이는 사람은 나를 보내신 분을 맞아들이는 것이다.

41 예언자의 이름으로 예언자를 맞아들이는 사람은 예언자의 상을 받을 것이다. 의인의 이름으로 의인을 맞아들이는 사람은 의인의 상을 받을 것이다.

42 내가 진정으로 말한다. 제자의 이름으로 보잘것없는 사람에게 냉수 한 잔이라도 주는 사람은 반드시 하늘나라에서 상을 받을 것이다."

마태복음 TIP

예수님의 사역과 복음의 참된 목적은 하나님과의 영원한 화평입니다. 그러나 예수님은 '평화가 아니라 칼을 주러 왔다', '서로 다투게 하려고 왔다'며 모순된 말씀을 하시는 것처럼 보입니다. 칼은 비유적으로 분열을 상징합니다. 예수님께서는 복음을 전하고 받아들이는 것에 있어, 믿음 때문에 우리가 이 세상에 살아가면서 필연적으로 경험할 수밖에 없는 구별과 나눠짐이 있을 것이고, 아무리 가까운 가족이라 할지라도 예수님을 받아들이는 자와 그렇지 않는 자 사이에 갈등이 있을 수밖에 없음을 표현하고 계신 것입니다.

마태복음 11장

1 예수님께서 열두 제자들에게 지시하기를 마치시고, 여러 마을에서 가르치고 전도하기 위해 그곳을 떠나셨을 때의 일입니다.
2 세례자 요한은 감옥에서 그리스도의 하신 일을 들었습니다. 요한은 제자들을 예수님께 보냈습니다.
3 요한은 그들을 통해 예수님께 물었습니다.
오신다고 했던 분이 바로 당신입니까? 아니면 다른 분을 기다려야 합니까?
4 예수님께서 대답하셨습니다.
요한에게 가서 너희가 듣고 본 것을 말하여라.
5 "보지 못하는 사람이 보고, 걷지 못하는 사람이 걷고, 문둥병 환자가 깨끗해지고, 듣지 못하는 사람이 듣고, 죽은 사람이 살아나며, 가난한 사람에게 복음이 전해진다고 하여라.
6 나를 의심하지 않는 사람은 복이 있다."
7 요한의 제자들이 떠난 뒤에, 예수님께서 모인 사람들에게 요한에 대해 말씀하기 시작하셨습니다. "너희는 무엇을 보러 광야에 나갔느냐? 바람에 흔들리는 갈대를 보러 갔느냐?

❇ **오신다고 했던 분(11:3)** 약속된 메시아. 세례자 요한 역시 다른 유대인과 마찬가지로 성전과 이스라엘의 영광을 회복할 메시아를 기다리고 있었으나 예수님의 모습은 이들의 기대와는 거리가 멀었다.

8 아니면 무엇을 보러 갔느냐? 화려한 옷을 입은 사람을 보려고 나갔느냐? 화려한 옷을 입은 사람은 왕궁에 있다.
9 그러면 너희는 무엇을 보러 나갔느냐? 예언자를 보려고 나갔느냐? 그렇다. 내가 너희에게 말한다. 이 사람은 예언자보다 더 나은 사람이다.
10 이 사람에 대하여 성경에 이렇게 기록되어 있다. '보라, 내가 너보다 앞서 나의 사자를 보낸다. 그는 너의 길을 준비할 것이다.'
11 내가 너희에게 진정으로 말한다. 여자가 낳은 사람 중에 그 누구도 세례자 요한보다 더 위대한 사람은 없다. 그러나 하늘나라에서는 아무리 낮은 사람이라도 세례자 요한보다 더 위대하다."
12
세례자 요한 때로부터 지금까지 하늘나라는 힘 있게 성장하고 있다. 힘 있는 사람들이 하늘나라를 차지할 것이다.
13 "모든 예언자들과 율법에 예언한 것이 요한까지이다.
14 너희가 이 예언을 받아들일 마음이 있다면, 오기로 되어 있는 엘리야가 바로 요한이다.

❇ **사자(11:10)** 명령이나 부탁을 받고 심부름하는 사람. ❇ **여자가 낳은 사람(11:11)** 평범하게 태어난 사람을 가리키는 유대인들의 관용적인 표현이다.

15 들을 수 있는 귀를 가진 사람은 모두 들어라!
16 내가 이 세대의 사람들을 무엇에 비유할 수 있겠느냐? 이들은 마치 장터에 앉아 있는 아이들이 다른 아이들을 부르는 것과 같다.
17 '우리가 너희를 위하여 피리를 불었는데, 왜 춤을 추지 않았느냐? 우리가 슬픈 노래를 불렀는데, 왜 울지 않았느냐?'
18 요한은 와서 먹지도 않고, 마시지도 않았다. 그러자 사람들이 이렇게 말했다. '그는 귀신들렸어.'
19 인자가 와서 먹고 마시니, 사람들이 말했다. '저 사람을 봐! 탐욕이 많은 사람이야. 저 사람은 술꾼이야. 세리와 죄인의 친구야.' 그러나 지혜는 그 행한 일 때문에 옳다는 것이 증명된다."
20 그때, 예수님께서 자신이 가장 많은 기적을 베푸셨던 도시들을 꾸짖기 시작하셨습니다. 그것은 이들이 회개를 하지 않았기 때문입니다.
21 "화가 미칠 것이다. 고라신아! 화가 있을 것이다. 벳새다야! 너희에게 베풀었던 기적이 두로와 시돈에서 있었다면, 그곳 사람들은 벌써 베옷을 입고, 재를 뒤집어 쓰며 회개했을 것이다.
•시돈
지중해
•두로
•고라신
•갈릴리
•나사렛
22 내가 너희에게 말한다. 심판의 날에 너희가 두로와 시돈보다 더 많은 심판을 받을 것이다.

❇ **피리를 불었는데(11:17)** 혼인잔치 놀이를 말하며, 구원의 기쁨을 선포한 예수님의 사역을 비유한다. ❇ **슬픈 노래를 불렀는데(11:17)** 장례식 놀이를 말하며, 금욕적이었던 세례 요한의 사역을 비유한다.

23 그리고 너 가버나움아, 네가 하늘까지 높아질 줄 아느냐? 오히려 너희는 지옥에 떨어질 것이다. 너희에게 베푼 기적이 소돔에서 일어났다면, 그 도시가 오늘까지 남아 있었을 것이다.
24 내가 너희에게 말한다. 심판의 날에는 너희가 소돔보다 더 큰 심판을 받을 것이다."
25 그때에 예수님께서 대답하여 말씀하셨습니다.
하늘과 땅의 주인이신 아버지, 이것들을 지혜롭고 영리한 사람에게는 감추시고, 어린아이들에게는 보여주셨으니 감사합니다.
26
그렇습니다. 아버지, 이것이 아버지께서 기뻐하시는 뜻입니다.
27
나의 아버지께서 내게 모든 것을 주셨다. 아버지 외에는 아들을 아는 이가 없고, 아들과 아들이 나타내 주고자 하는 사람 외에는 아버지를 아는 이가 없다.
28 "무거운 짐을 지고 지친 사람은 모두 나에게 오너라. 내가 너희를 쉬게 할 것이다.
29 나는 마음이 온유하고 겸손하니, 나의 멍에를 메고 내게 배워라. 그러면 너희 영혼이 쉼을 얻을 것이다.

❇ **겸손(11:29)** 남을 존중하고 자기를 내세우지 않는 태도가 있음. ❇ **멍에(11:29)** 소나 나귀가 한 짝을 이루어 쟁기나 수레 또는 무거운 짐을 끌 수 있도록 동물들의 목에 매는 막대.

30 나의 멍에는 쉽고 나의 짐은 가볍다."

마태복음 TIP

당시의 바리새인과 서기관들은 율법의 조항 외에도 613가지에 달하는 세부적인 규칙까지 모두 지켜야 한다고 백성들을 가르쳤습니다. 그렇기에 일차적으로 무거운 짐을 지고 지친 사람은 종교지도자들에 의해 율법의 의무를 강요당하는 백성들을 가리키는 표현입니다. 그러나 더 넓은 의미로는 인생에서 각종 버거운 짐을 지고 살아가는 모든 사람들을 의미한다고 볼 수 있습니다. 죄의 짐, 자신의 의를 추구하는 짐을 내려놓고 온유하고 겸손한 예수님을 따라 살 때에만 비로소 참된 구원과 안식을 얻을 수 있습니다.

마태복음 12장

1 그 무렵, 안식일에 예수님께서 밀밭 사이를 걸어가셨습니다. 제자들이 너무 배가 고파서 밀 이삭을 잘라 먹기 시작했습니다.
2 바리새파 사람들이 이것을 보고 예수님께 말했습니다. "보시오! 당신의 제자들이 안식일에 금지된 일을 하고 있습니다."
3 예수님께서 대답하셨습니다. "너희는 다윗과 그 군사들이 굶주렸을 때에 했던 일을 읽어 보지 못하였느냐?
4 다윗은 하나님의 전에 들어가 자신도 먹을 수 없고 그 부하들도 먹을 수 없으며, 오직 제사장만이 먹을 수 있는 진설병을 먹었다.
5 너희가 또한 안식일에 성전 안에서 만큼은 제사장들이 안식일을 어겨도 죄가 되지 않는다는 것을 율법에서 읽어 보지 못하였느냐?
6 내가 너희에게 말한다. 성전보다 더 큰 이가 여기 있다.
7 '나는 희생제물보다 자비를 원한다'라고 하신 말씀이 무슨 뜻인지 너희가 알았더라면, 죄 없는 사람들을 죄인으로 단정하지 않았을 것이다.
8 인자는 안식일의 주인이다."

❇ **이삭(12:1)** 벼, 보리 같은 곡식에서, 열매가 더부룩하게 많이 열리는 부분. ❇ **진설병(12:4)** 대제사장이 안식일마다 하나님 앞에 놓는 열두 개의 떡.

9 예수님께서 그곳을 떠나 유대인의 회당으로 들어가
셨습니다.

10 회당 안에 손이 오그라진 사람이 있었습니다. 사
람들이 예수님을 고발하려고, "안식일에 병을 고치는
것이 옳습니까?" 하고 예수님께 여쭈었습니다.

11 예수님께서 그들에게 대답하셨습니다. "만일 너희 중에서
어떤 사람이 양 한 마리를 가지고 있는데, 그 양이 안식일에
구덩이에 빠지면 그것을 끌어내지 않겠느냐?

12 하물며 사람은 양보다 얼마나 더 귀중하냐! 그러
므로 안식일에 선한 일을 하는 것이 옳다."

13 그리고 나서 예수님께서 손이 오그라진 사람에게 말씀
하셨습니다. "손을 펴 보아라." 그 사람이 손을 펴자, 그
손이 다른 손처럼 회복되었습니다.

마태복음 TIP

유대인들은 안식일을 아무 일도 하지 않는 날로 생각했습니다. 그들의 해석에 의하면 안식일에는 추수를 위해 탈곡을 해서는 안 되고, 생명이 위독한 경우를 제외하고 병을 고치면 율법을 범하는 죄를 짓는 것이었습니다. 때문에 그들은 이삭을 잘라 먹은 제자들을 비난했고, 일부러 회당 안에 손 마른 사람을 데려다 놓고 예수님의 반응을 보고자 했습니다. 예수님은 손 마른 사람을 고치시고, 안식일에 선을 행하는 것이 옳다고 말씀하시며 율법과 안식일의 근본적인 취지는 잊은 채 형식과 규칙에 갇혀 사람을 판단하는 바리새인들에게 일침을 놓으셨습니다.

14 바리새파 사람들은 가서, 예수님을 어떻게 없앨
지 모의를 하였습니다.

15 예수님께서 이것을 아시고, 그곳을 떠나셨습니다. 많은
사람들이 예수님을 따라왔고, 예수님께서는 병든 사람들
을 모두 고쳐 주셨습니다.

16 그러나 예수님께서는 자신에 대해 이야기하지 말라고 이
르셨습니다.

17 이것은 예언자 이사야의 말을 이루려는 것입
니다.

18 "내가 선택한 종을 보아라. 내가 그를 사랑하고 기
뻐한다. 내 영을 그에게 줄 터인데, 그가 이방 사람들
에게 정의를 선포할 것이다.

19 그는 다투지도 않고, 울부짖지도 않을 것이다. 거리
에서 아무도 그의 소리를 들을 수 없을 것이다.

20 그는 상한 갈대도 꺾지 않을 것이고 꺼져가는 불꽃도 끄지 않
을 것이다. 그래서 그는 결국 정의가 이기게 할 것이다.

21 모든 이방 사람들이 그 이름에 소망을
걸 것이다."

❇ **모의(12:14)** 어떤 일을 꾀하고 의논함. ❇ **상한 갈대, 꺼져가는 불꽃(12:20)** 병든 자, 천민, 죄인, 슬퍼하는 자 등 약하고 무력하여 도움을 갈망하는 자를 가리킨다.

22 그때, 사람들이 귀신이 들려서 보지 못하고, 말하지 못하는 사람을 예수님께 데리고 왔습니다. 예수님께서 이 사람을 고쳐 주시자, 그 사람이 말도 하고 볼 수 있게 되었습니다.

23 사람들이 놀라 말했습니다. "이 사람이 혹시 다윗의 후손 메시아가 아닐까?"

24 바리새파 사람들이 이 말을 듣고 말했습니다.

이 사람이 귀신의 우두머리 바알세불의 힘을 빌려 귀신을 내쫓는다.

25 예수님께서 바리새파 사람들의 생각을 아시고, 그들에게 말씀하셨습니다. "어느 나라든지 자기들끼리 나뉘어 싸우면 망할 것이다. 어느 도시나 가정도 나뉘면, 제대로 서지 못할 것이다.

26 마찬가지로 사탄이 사탄을 내쫓는다면, 사탄이 자신을 대적한다는 말인데, 그렇다면 어떻게 사탄의 나라가 설 수 있겠느냐?

27 내가 바알세불의 힘을 빌어 귀신을 내쫓는다고 하는데, 그렇다면 너희 아들들은 누구의 힘을 빌어 귀신을 내쫓느냐? 그러므로 그들이 너희의 재판관이 될 것이다.

28 내가 만일 하나님의 영으로 귀신을 내쫓는다면, 하나님의 나라가 이미 너희에게 온 것이다.

❇ **사탄의 나라(12:26)** 마귀 역시 하나님께 대적하여 자신의 나라를 세우고자 한다. 마귀가 자신의 부하들과 싸운다면 나라가 금방 무너질 것이기에 종교 지도자들의 주장은 논리에 맞지 않다.

29 또한 누구든지 힘센 사람을 먼저 묶어 놓지 않으면, 어떻게 힘센 사람의 집에 들어가 물건을 빼앗을 수 있겠느냐? 묶어 놓은 뒤에야 그 집을 약탈할 것이다.

30 누구든지 나와 함께하지 않으면, 나를 반대하는 것이다. 나와 함께 모으지 않는 사람은 흩트리는 것이다.

31 그러므로 내가 너희에게 말한다. 어떠한 죄나 신성모독의 말은 다 용서를 받겠지만, 성령을 모독하는 죄는 용서받을 수 없다.

32 인자를 거역하는 말을 하는 사람은 용서받을 수 있다. 그러나 성령을 거역하는 말을 하면, 이 세상에서도, 오는 세상에서도 용서받지 못할 것이다."

33 "나무도 좋고 열매도 좋다고 하든지, 나무도 나쁘고 열매도 나쁘다고 해야 한다. 나무는 그 열매를 보고 알 수 있다.

34 독사의 자식들아! 너희가 악하면서 어떻게 선한 것을 말할 수 있겠느냐? 입은 그 마음속에 가득 찬 것을 말하는 것이다.

35 선한 사람은 선한 것을 쌓았다가 선한 것을 내고, 악한 사람은 악한 것을 쌓았다가 악한 것을 낸다.

36 내가 너희에게 말한다. 사람이 무심코 내뱉은 사소한 말이라도 심판의 날에는 책임을 져야 한다.

❋ **모독(12:31)** 신성한 것이나 존엄한 것을 말과 행동으로 더럽혀 욕되게 함을 일컫는 말이다. ❋ **요나(12:39)** 니느웨로 가서 회개의 메시지를 전하라는 하나님의 명령에 불순종하다가 사흘간 물고기 배 속에 갇혔던 선지자.

37 네 말에 근거하여 네가 의롭다고 판정을 받을 수도 있고, 죄가 있다고 판정을 받을 수도 있다."
38 그때, 몇몇 율법학자들과 바리새파 사람들이 예수님께 말했습니다.
선생님, 우리에게 증거를 보여주십시오.
39 예수님께서 대답하셨습니다.
악하고 죄 많은 이 세대가 증거를 보여 달라고 한다. 그러나 예언자 요나의 증거 외에는 보여줄 것이 없다.
40 "요나가 삼 일 낮, 삼 일 밤 동안 꼬박 커다란 물고기 배 속에 있었듯이, 인자도 삼 일 낮, 삼 일 밤 동안 땅속에 있을 것이다.
41 심판의 날에 니느웨 사람들이 이 세대와 함께 일어서서 이 세대를 심판할 것이다. 왜냐하면 그들은 요나의 전도를 듣고 회개했기 때문이다. 보아라, 요나보다 더 큰 이가 여기 있다!

마태복음 TIP

서기관과 바리새인이 예수님께 표적을 구하는 의도는 그분을 믿기 위함이 아니었습니다. 예수님은 악한 의도로 표적을 요구하는 그들에게 요나의 표적밖에는 보일 것이 없다고 말씀하셨습니다. 요나가 삼 일 동안 물고기 배 속에 있다 나온 것처럼 예수님께서도 십자가에 죽으시고 삼 일만에 부활하실 것을 선포하셨습니다. 또한 더 악한 귀신 일곱에 들린 사람의 비유를 말씀하시며 이전에 하나님의 은혜를 입은 선택받은 백성이었지만, 지금은 약속대로 오신 예수님을 받아들이지 않는 그들의 태도를 꾸짖으십니다.

42 심판의 날에 남쪽 나라의 여왕이 이 세대와 함께 일어서서 이 세대를 심판할 것이다. 왜냐하면 그 여왕은 솔로몬에게 지혜를 들으려고 땅끝에서부터 왔기 때문이다. 보아라, 솔로몬보다 더 큰 이가 여기 있다!"

43 "더러운 영이 어떤 사람에게서 나와, 쉴 곳을 찾아 물이 없는 곳에서 헤맸으나 찾지 못하고,

44 이렇게 말했다. '내가 나왔던 집으로 다시 돌아가야겠다.' 돌아와 보니 그 집이 여전히 비어 있을 뿐만 아니라, 깨끗이 청소되고 정리되어 있는 것을 알았다.

45 그때, 그 더러운 영이 나가서 자기보다 훨씬 더 악한 일곱 영을 데리고 왔다. 그 영들 모두 그 사람에게 들어가 살게 되어, 그 사람의 나중 상태가 처음보다 훨씬 더 나쁘게 되었다. 이 악한 세대도 이렇게 될 것이다."

46 예수님께서 사람들에게 말씀하고 계실 때에 예수님의 어머니와 형제들이 예수님에게 할 말이 있다면서 밖에 서 있었습니다.

47 어떤 사람이 예수님께 말씀드렸습니다.

보십시오. 선생님의
어머니와 형제들이
선생님께 말을 하려고
밖에 서있습니다.

❊ **남방 여왕(12:42)** 열왕기상 10장 1절에 등장하는 서남 아라비아의 나라인 스바의 여왕. 솔로몬의 지혜를 듣고자 찾아왔다. ❊ **솔로몬(12:42)** 다윗의 아들로 하나님의 성전을 짓고, 부귀영화를 누렸던 가장 지혜로운 이스라엘의 왕.

48 예수님께서 그 말을 전해 준 사람에게 대답하셨습니다.
누가 나의 어머니이고, 누가 나의 형제들이냐?
49 그리고 나서 제자들을 가리키면서 말씀하셨습니다.
보아라! 내 어머니와 내 형제들이다.
50
누구든지 하늘에 계신 나의 아버지의 뜻을 행하는 사람이 내 형제요, 자매요, 어머니이다.

❇ **휠씬 더 악한 일곱 영(12:45)** 성경에서 일곱은 완전수이다. 가장 악하고 강한 귀신이 들어왔음을 강조하려는 표현이다.

마태복음 13장

1 그날, 예수님께서 집에서 나와 호숫가에 앉으셨습니다.

2 많은 사람들이 예수님의 주위에 몰려들었습니다. 그래서 예수님께서는 배에 올라가 앉으셨고, 사람들은 호숫가에 그대로 서 있었습니다.

3 예수님께서 사람들에게 많은 것을 비유로 말씀하셨습니다. "농부가 씨를 뿌리러 나가

4 씨를 뿌리는데, 어떤 씨는 길가에 떨어졌다. 그러자 새들이 날아와 씨를 모두 먹어 버렸다.

5 어떤 씨는 흙이 별로 없고, 돌이 많은 곳에 떨어졌다. 곧 싹이 났지만, 흙이 깊지 않아서

6 해가 뜨자 시들어 버렸고, 뿌리가 없어서 곧 말라 버렸다.

7 어떤 씨는 가시덤불에 떨어졌다. 가시덤불이 자라서 그 씨를 자라지 못하게 하였다.

❇ **비유(13:3)** 어떤 현상이나 사물을 직접 설명하지 않고 다른 비슷한 현상이나 사물에 빗대어서 설명하는 것. ❇ **가진 사람(13:12)** 복음을 듣고 깨닫는 사람. ❇ **가진 것이 없는 사람(13:12)** 마음이 완고해 복음을 듣고도 깨닫지 못하는 사람.

8 어떤 씨는 좋은 땅에 떨어졌다. 열매를 맺었는데, 어떤 것은 백 배, 어떤 것은 육십 배, 또 어떤 것은 삼십 배의 열매를 맺었다."
9
귀 있는 사람은 들어라!
10 제자들이 예수님께 와서 물었습니다. "왜 사람들에게 비유로 가르치십니까?"
11 예수님께서 대답하셨습니다.
너희들에게는 하늘나라의 비밀을 아는 것이 허락되었으나, 다른 사람들에게는 그렇지 않다.
12 "가진 사람은 더 많은 것이 주어져 풍부해질 것이다. 그러나 가진 것이 없는 사람은 있는 것마저 빼앗길 것이다."
10
1
13
그래서 내가 비유로 사람들에게 말한다. 그들은 보아도 보지 못하고, 들어도 듣지 못하고, 이해하지도 못한다.

마태복음 TIP

씨 뿌리는 비유는 이스라엘의 지형적인 특징을 잘 반영해 말씀하신 비유입니다. 당시 이스라엘에는 밭과 밭 사이에 농부가 걸어 다녀 단단하게 굳은 길이 있었고, 지형적으로 돌이 많아 겉은 흙처럼 보이지만 아래는 돌밭이라 농사짓기에 적합하지 않는 땅도 많았습니다. 또 가시가 있는 잡초가 있어 그 틈에 떨어진 씨앗은 조금 자라다가 어느 순간 성장을 멈추게 되는 경우도 많았습니다. 이처럼 예수님은 듣는 사람들이 가장 잘 이해하고 받아들일 수 있는 일상적인 소재를 비유에 사용해 진리를 쉽게 설명하셨습니다. 마음을 열고 비유를 듣는 사람들은 깨달아 의미를 알 수 있었고, 완악한 마음으로 예수님을 반대하는 사람들은 아무리 들어도 진리를 발견하지 못했을 것입니다.

14 "따라서 이사야의 예언이 이 사람들에게 이루어지는 것이다. '너희는 들어도 깨닫지 못할 것이고, 보아도 알아 보지 못할 것이다.
15 이 백성들의 마음이 둔해졌고, 귀는 듣지 못하고, 눈은 감겨 있다. 그들이 눈으로 보고, 귀로 듣고, 마음으로 깨닫고 돌아와, 내가 그들을 고치는 일이 없게 하려 함이다.'"
16
그러나 너희 눈은 보고 있으니 복되다. 너희 귀는 듣고 있으니 복되다.
17 "내가 너희에게 진정으로 말한다. 많은 예언자들과 의인들이 너희가 지금 보는 것을 보고 싶어 했지만 보지 못했다. 너희가 듣는 것을 듣고 싶어 했지만 듣지 못했다."
18
씨 뿌리는 사람의 비유를 들어라.
19 "누구든지 하늘나라의 말씀을 듣고도 깨닫지 못하면, 악한 자가 와서 마음속에 뿌려진 것을 빼앗아 가 버린다. 이런 사람은 길가에 뿌려진 씨와 같은 사람이다.
20 돌무더기에 뿌려진 씨와 같은 사람은 말씀을 들을 때, 기쁘게 얼른 받아들이는 사람이다.
21 그러나 뿌리가 없어 오래가지 못한다. 말씀 때문에 어려움이 생기고 박해를 당하면, 곧 넘어진다.

❊ **이사야(13:14)** 남유다 왕국에서 주로 활동했던 구약의 대 선지자. 그의 사역과 예언들은 이사야서에 기록 되어 있다.

❊ **둔하다(13:15)** 깨우침이 늦고 재주가 무디다.

22 가시덤불에 떨어진 씨와 같은 사람은 말씀을 들으나, 세상 염려와 재물의 유혹이 말씀을 가로막아 결국 열매를 맺지 못한다.

23 좋은 땅에 떨어진 씨와 같은 사람은 말씀을 듣고 깨닫는 사람이다. 이런 사람은 열매를 맺는데, 어떤 사람은 백 배, 어떤 사람은 육십 배, 어떤 사람은 삼십 배의 열매를 맺는다."

24 예수님께서 그들에게 또 다른 비유로 말씀하셨습니다. "하늘나라는 자기 밭에 좋은 씨를 심은 사람에 빗댈 수 있다.

25 사람들이 잠들었을 때, 원수가 와서 밀 사이에 가라지를 뿌리고 갔다.

26 밀이 자라서 낟알이 익을 때에 가라지도 보였다.

27 주인의 종들이 와서 말했다. '주인님, 밭에 좋은 씨를 뿌리지 않았습니까? 그런데 어디서 이런 가라지가 나왔을까요?'

28 주인이 대답했다. '원수가 그랬구나.' 종들이 주인에게 물었다. '저희가 가서 가라지를 다 뽑아 버릴까요?'

29 주인이 대답했다. '아니다. 너희가 가라지를 뽑을 때에 밀도 함께 뽑힐라.

❋ **원수(13:25)** 여기에서는 사탄을 뜻한다. ❋ **가라지(13:25)** 잡초이지만 밀과 모양이 비슷하여 상당 시간이 흐르기 전에는 밀과 구분이 어렵다.

30 추수할 때까지 함께 자라게 놔두어라. 추수할 때, 내가 일꾼들에게 먼저 가라지를 거두어 묶어서 불에 태우고, 밀은 거두어 곳간에 쌓으라고 하겠다.' "
31 예수님께서 또 다른 비유를 그들에게 말씀해 주셨습니다. "하늘나라는 마치 겨자씨와 같다. 어떤 사람이 겨자씨를 가져다가 자기 밭에 심었다.
32 이 씨는 다른 어떤 씨보다도 작다. 그런데 이것이 완전히 자라면, 다른 어떤 풀보다도 더 큰 식물이 된다. 그러면 하늘의 새들이 와서, 그 가지에 둥지를 틀 수 있게 된다."
33 예수님께서 또 다른 비유를 그들에게 말씀해 주셨습니다. "하늘나라는 누룩에 빗댈 수 있다. 여자가 누룩을 가져다가 밀가루 세 포대에 섞어 넣었더니, 반죽이 부풀어 올랐다."
34 예수님께서 이 모든 것들을 사람들에게 비유로 말씀해 주시고, 비유가 아니면 아무것도 말씀하지 않으셨습니다.
35 이것은 예언자가 말한 것을 이루려고 하신 것입니다. "내가 입을 열어 비유를 말할 것이다. 이 세상이 세워질 때부터 지금까지 숨겨졌던 것을 말할 것이다."
36 그때, 예수님께서 사람들에게서 떠나 집으로 들어가셨습니다. 제자들이 예수님께 와서 말했습니다. "밭에 난 가라지의 비유에 대해 저희들에게 설명해 주십시오."
37 예수님께서 대답해 주셨습니다. "밭에 좋은 씨를 뿌리는 이는 인자이다.

❊ **겨자씨(13:31)** 다른 씨앗에 비해 유난히 작다. 그러나 다 자란 겨자나무는 키나 3미터나 된다. ❊ **하늘의 새들(13:32)** 복음을 믿게 될 세계의 민족들을 상징한다.

38 그리고 밭은 세상이다. 좋은 씨는 하늘나라의 모든 아들들이다. 가라지는 악한 자의 아들들이다.

39 그리고 나쁜 씨를 심은 원수는 마귀이다. 추수 때는 세상의 마지막 날이다. 추수하는 일꾼들은 천사들이다.

40 가라지는 다 뽑혀서 불에 태워지는 것같이, 세상의 마지막 날에도 그렇게 될 것이다.

41 인자가 천사들을 보낼 것인데, 이들은 죄를 짓게 만드는 자들과 불법을 행하는 자들을 모두 하늘나라에서 추려 내

42 불타는 아궁이에 던질 것이다. 사람들이 그곳에서 슬피 울고, 고통스럽게 이를 갈 것이다.

43 그때, 의인은 아버지의 나라에서 해처럼 빛날 것이다. 귀 있는 자는 들어라!"

44 "하늘나라는 밭에 숨겨진 보물과 같다. 어떤 사람이 그 보물을 발견하고 다시 밭에 숨겼다. 그는 매우 기뻐하며 돌아가서 가진 것을 모두 팔아 그 밭을 샀다.

45 또한 하늘나라는 진주를 찾는 상인과 같다.

❇ **인자(13:37)** 예수님께서 자신을 가리키는 호칭으로 자주 사용하신 표현. ❇ **아궁이(13:42)** 하나님의 종말론적인 심판을 가리킨다.

46 아주 값진 진주를 발견하자, 그 사람은 가서 가진 것을 모두 팔아 그 진주를 샀다."

47 "또한 하늘나라는 호수에 던져 온갖 종류의 고기를 잡은 그물과 같다.

48 그물이 가득 찼을 때, 어부들은 바닷가로 그물을 끌어당겼다. 그들은 앉아서 좋은 물고기는 바구니에 담고, 나쁜 것들은 던져 버렸다.

49 세상 끝날에도 이렇게 될 것이다. 천사가 와서 의인들 가운데서 악한 사람들을 구별하여 낼 것이다.

50 천사가 그들을 불타는 아궁이에 던질 것이다. 사람들이 그곳에서 슬피 울고, 고통스럽게 이를 갈 것이다."

51 "너희가 이 모든 것을 이해하겠느냐?" 제자들이 "예"라고 대답했습니다.

52 예수님께서 제자들에게 말씀하셨습니다. "그러므로 하늘나라의 제자가 된 율법학자는 창고에서 새것과 헌것을 꺼내 오는 집주인과 같다."

53 예수님께서 이 비유들을 다 말씀하시고, 그곳을 떠나셨습니다.

❇ **슬피 울고, 이를 갈다(13:50)** 회개할 기회가 없어 절망하고, 낙심하는 것이다. ❇ **새것과 헌것(13:52)** 율법과 복음, 혹은 구약과 신약을 가리킨다.

54 예수님께서 고향에 가셔서 유대인의 회당에서 사람들을 가르치셨습니다. 사람들은 놀라서 말했습니다. "이 사람이 이러한 지혜와 기적을 베푸는 힘을 어디서 얻었을까?

55 이 사람은 목수의 아들이 아니냐? 그의 어머니는 마리아이고, 동생들은 야고보, 요셉, 시몬 그리고 유다가 아니냐?

56 그리고 그의 누이들도 우리와 함께 있지 않은가? 그런데 이 사람이 이런 모든 것들을 어디서 터득했을까?"

57 그들은 예수님을 믿으려고 하지 않았습니다. 예수님께서 그들에게 말씀하셨습니다. "예언자는 자기 고향이나 자기 집에서는 존경을 받지 못하나, 거기 외에는 어디서나 존경을 받는다."

58 사람들이 믿지 않았기 때문에, 예수님께서는 그곳에서 기적을 많이 베풀지 않으셨습니다.

❊ **고향(13:54)** 예수님이 성장하신 나사렛. 공생애 기간 중, 예수님이 고향에 가신 것은 한 번뿐이었다. ❊ **회당(13:54)** 유대인이 하나님을 예배하고 율법을 가르치는데 사용된 건물.

마태복음 14장

1 그때, 헤롯 왕이 예수님에 대한 소식을 들었습니다.

2 헤롯이 신하들에게 말했습니다.

이 사람은 세례자 요한이다. 그가 죽었다가 다시 살아난 것이 틀림없어. 그 사람에게서 기적이 나타나는 것도 바로 이 때문일 거야.

3 헤롯은 예전에 요한을 체포하여 결박하고, 감옥에 가
둔 적이 있었습니다. 헤롯이 이렇게 한 것은 자기 동생
빌립의 아내였던 헤로디아 때문이었습니다.

4 요한이 헤롯에게 "당신이 헤로디아를 아내로 삼은
것은 잘못이오"라고 말했던 것입니다.

5 헤롯은 요한을 죽이려고 했지만, 사람들
이 두려웠습니다. 이는 사람들이 요한을 예
언자라고 생각하고 있었기 때문이었습니다.

6 그런데 헤롯의 생일에 헤로디아의 딸이 손님들 앞에서 춤
을 추었습니다. 헤롯은 매우 기분이 좋았습니다.

7 그래서 헤롯은 딸이 요청하는 것은 무엇이든지
주겠다고 맹세하였습니다.

❇ **헤롯 왕(14:1)** 예수님의 탄생 당시 남자 아이들을 죽이라 명했던 헤롯 대왕의 아들 중 한 명인 헤롯 안티파스.

❇ **헤로디아의 딸(14:6)** 이름은 '살로메'로, 빌립과 헤로디아 사이에서 낳은 딸이다.

8 어머니로부터 지시를 받은 딸은 헤롯에게 말했습니다.
쟁반 위에 세례자 요한의 머리를 담아 주세요.
9 왕은 망설였지만 자기가 한 맹세 때문에, 그리고 함께 식사를 하던 손님들 때문에 요한의 머리를 주라고 명령을 내렸습니다.
10 그는 사람을 보내어, 감옥 안에 있는 요한의 머리를 베게 하였습니다.
11 요한의 머리가 쟁반에 담겨서 왕에게 왔고, 왕은 그것을 소녀에게 주었습니다. 소녀는 그것을 자기 어머니에게 가져다 주었습니다.
12 요한의 제자들이 와서 시체를 거두어 장사를 지냈습니다. 그들은 예수님께 와서 이 소식을 전했습니다.
13 예수님께서 이 소식을 들으시고, 그곳을 떠나 배를 타고 혼자 조용한 곳으로 가셨습니다. 그러나 여러 마을에서 사람들이 이 사실을 전해 듣고, 걸어서 예수님을 따라왔습니다.
14 예수님께서 배에서 내려 많은 사람들이 모여 있는 것을 보셨습니다. 예수님께서는 그들을 불쌍히 여기시고 병든 사람들을 고쳐 주셨습니다.
15 저녁이 되자, 제자들이 예수님께 와서 말했습니다.
이곳은 외딴 곳이고, 시간도 너무 늦었습니다. 사람들을 이제 보내어, 마을에 가서 먹을 것을 각자 사도록 하는 것이 좋겠습니다.

❊ **어머니로부터 지시(14:8)** 헤로디아는 공주인 딸을 사람들 앞에서 춤추게 하는 파격적인 일을 계획하여 헤롯의 기분을 좋게 한 후, 그 대가로 요한을 죽일 철저한 계획을 세웠다.

16 예수님께서 제자들에게 대답하셨습니다.
갈 필요가 없다. 너희가 그들에게 먹을 것을 주어라.
17 제자들이 대답했습니다. "우리가 가진 것이라고는 빵 다섯 개와 생선 두 마리뿐입니다."
18 예수님께서 말씀하셨습니다.
그것들을 내게 가져오너라.
19 사람들을 풀밭에 앉게 하신 후, 예수님께서는 빵 다섯 개와 생선 두 마리를 손에 들고 하늘을 바라보며 감사 기도를 드리셨습니다. 그 다음에 제자들에게 그것들을 떼어 주셨고, 제자들은 그 것을 사람들에게 나누어 주었습니다.
20 모든 사람들이 먹고 배가 불렀습니다. 먹고 남은 조각들을 거두었더니, 열두 바구니에 가득 찼습니다.
21 먹은 사람은 약 오천 명이나 되었는데, 이는 여자와 어린이가 포함되지 않은 숫자입니다.

마태복음 TIP

당시에는 인원을 셀 때 성인 남성만을 셌기 때문에, 오천 명의 성인 남성에 여성과 어린아이까지 합치면 최소 만 명에서 이만 명의 군중이 모였을 것으로 봅니다. 이들에게 있던 음식은 빵 다섯 개와 생선 두 마리 뿐이었습니다. 이 빵은 가난한 서민들이 먹던 작은 보리떡이었고, 생선은 말리거나 절여서 빵에 반찬처럼 먹던 작은 생선이었습니다. 예수님은 턱없이 부족하고 초라한 아이의 도시락을 받아 축사하시고 사람들을 배불리 먹이셨습니다. 이 작은 도시락처럼 흠모할 것 하나 없는 평범한 사람의 모습으로 우리에게 오신 예수님은, 우리를 영원한 생명으로 인도하시는 생명의 빵이십니다.

22 그 즉시, 예수님께서는 제자들을 배에 타게 하시고, 호수 건너편으로 먼저 가 있으라고 하셨습니다. 그동안에 예수님께서는 사람들을 되돌려 보내셨습니다.
23 사람들을 보내신 후, 예수님께서는 기도하러 홀로 산 위에 올라가셨습니다. 그리고 저녁 때까지 그곳에 혼자 계셨습니다.
24 배는 이미 육지에서 멀리 떨어져 있을 때였습니다. 제자들은 큰 파도와 거친 바람으로 어려움을 겪게 되었습니다.
25 새벽 3시에서 6시 사이에 예수님께서 호수 위를 걸어서 제자들에게 오셨습니다.
26 제자들은 예수님께서 호수 위를 걸어오시는 것을 보고 겁에 질렸습니다. 그들은 "유령이다!"라고 소리쳤습니다. 너무 무시워시 비명을 지른 것입니다.
27 예수님께서 얼른 그들에게 말씀하셨습니다.
안심해라! 나다! 두려워하지 마라.
28 베드로가 예수님께 말했습니다.
주여, 정말 주님이시라면 저에게 물 위로 걸어오라고 하소서.
29 예수님께서 말씀하셨습니다. "오너라." 베드로는 배에서 내려 물 위를 걸어 예수님께로 향했습니다.

❇ **큰 파도와 거친 바람(14:24)** 갈릴리 호수는 원래 갑작스런 돌풍이 부는 곳으로 유명했다. 높은 산 위에서 불러오는 바람이 갑자기 풍랑을 일으키곤 했다.

30 그런데 베드로는 거센 바람을 보자, 겁이 났습니다. 물에 빠지기 시작하자, 소리를 질렀습니다.
주님, 살려 주십시오!
31 예수님께서는 즉시 손을 내밀어 베드로를 잡아 주시며 말씀하셨습니다. "믿음이 적은 사람아, 왜 의심하느냐?"
32 베드로와 예수님이 배 안에 오르자, 바람이 잔잔해졌습니다.
33 배 안에 있던 사람들이 예수님께 경배하며 말했습니다.
주님은 분명히 하나님의 아들이십니다!
34 예수님과 제자들은 호수를 건너 게네사렛이라는 곳에 이르렀습니다.
35 그곳 사람들이 예수님을 알아보았습니다. 그들은 근처에 있는 모든 지역으로 사람들을 보내어, 환자들을 예수님께 모두 데리고 왔습니다.
36 이들은 예수님의 옷깃에라도 손을 대게 해 달라고 매달렸고, 손을 댄 사람들은 모두 병이 나았습니다.

❇ **게네사렛(14:34)** 갈릴리 호수 북서쪽에 위치한 마을이다.

마태복음 15장

1 그때, 몇몇 바리새파 사람과 율법학자들이 예루살렘으로부터 예수님께 와서 물었습니다.
2
당신의 제자들은 어째서 장로들이 우리에게 전하여 준 법을 지키지 않습니까? 당신의 제자들은 음식을 먹기 전에 손을 씻지 않습니다!
3 예수님께서 이들에게 대답하셨습니다.
너희는 어째서 장로들의 전통을 지키려고 하나님의 명령을 지키지 않느냐?
4
하나님께서는 '네 아버지와 어머니를 공경하라'고 말씀하셨다. 또한 '아버지나 어머니를 욕하는 사람은 반드시 죽으리라'고 말씀하셨다.
5 "그런데 너희는 '아버지나 어머니에게 드리려던 것을 하나님께 드렸다고 하면,

마태복음 TIP

신구약 중간기에 그리스 문화와 종교가 많이 유입되자 바리새인들은 율법을 소중히 하며 더 효과적이고 확실하게 지키기 위해 세부적인 지침을 만들어 정리하였습니다. 그것이 바로 '장로들의 전통'입니다. 그런데 시간이 지나면서 본래의 취지는 사라지고 형식만 남아 악용되는 일이 너무 많아졌습니다. 예를 들어 '고르반'이란 제도로 하나님께 바친 것은 사람을 위해 사용할 수 없도록 해두었는데, 이를 악용하여 하나님께 재물을 드렸기 때문에 경제적으로 부모를 지원할 수 없다고 책임을 회피하며 부모를 공경하지 않았습니다. 예수님께서는 이처럼 자신들이 만든 형식과 지침에 숨어 오히려 하나님 말씀을 지키지 않는 바리새인들의 모순된 행동을 지적하셨습니다.

6 자기 부모를 공경하지 않아도 된다'라고 말하면서, 너희 전통을 빌미로 하나님의 말씀을 무시하고 있다."
7
위선자들아! 이사야가 너희에 대해 예언한 것이 옳다.
8 "'이 백성들이 입술로는 나를 공경하나, 마음은 내게서 멀구나.
9 헛되이 내게 예배를 드리고, 사람의 훈계를 교리인 양 가르친다.'"
교훈
10 예수님께서 사람들을 불러 모으시고 말씀하셨습니다.
너희는 듣고 깨달아라.
11 "입으로 들어가는 것이 사람을 더럽히는 것이 아니라, 입에서 나오는 것이 사람을 더럽힌다."
12 그때, 제자들이 예수님께 와서 물었습니다.
바리새파 사람들이 이 말씀을 듣고 감정이 상한 것을 아십니까?
13 예수님께서 대답하셨습니다. "하늘에 계신 나의 아버지께서 직접 심지 않으신 나무는 모두 뿌리 뽑힐 것이다.

❋ **심지 않으신 나무(15:13)** 바리새파 사람들이나 율법학자와 같이 잘못된 교리를 믿는 지도자들과 그들의 교리 모두를 가리키는 표현이다.

14 그들을 내버려 두어라. 이들은 앞 못 보는 인도자이다. 보지 못하는 사람이 다른 보지 못하는 사람을 안내하면, 둘 다 구덩이에 빠질 것이다."
15 베드로가 예수님께 말했습니다.
이 비유를 설명해 주십시오.
16 예수님께서 말씀하셨습니다.
아직도 이해하지 못하느냐?
17 "입으로 들어가는 것은 모두 배 속으로 들어갔다가, 결국 뒤로 나가는 것을 모르느냐?
18 그러나 입에서 나오는 것은 마음에서 나온다. 이런 것들이 사람을 더럽게 만든다.
19 마음에서는 악한 생각, 살인, 간음, 음행, 도둑질, 거짓말, 그리고 비방이 나온다.
20 이러한 것들이 사람을 더럽게 만드는 것이다. 씻지 않은 손으로 먹는 것이 사람을 더럽히는 것이 아니다."
21 예수님께서 그곳을 떠나 두로와 시돈 지방으로 가셨습니다.

❊ **앞 못보는 인도자(15:14)** 바리새파 사람은 영적인 본질을 알지 못한 채 백성들을 인도하고, 백성들은 그들을 맹목적으로 따라가고 있음을 비유한다.

22 그런데 그 지역에 사는 어떤 가나안 여자가
예수님께 와서 소리쳤습니다.
주님, 다윗의 자손이여, 저를 불쌍히 생각하시고 도와주세요! 제 딸이 귀신들려서 매우 고통받고 있습니다.
23 그러나 예수님께서는 그 여자에게 한마디도 대답하지
않으셨습니다. 제자들이 예수님께 와서 청했습니다.
저 여자를 돌려보내십시오. 우리를 따라다니면서 소리 지르고 있습니다.
24 예수님께서 대답하셨습니다.
나는 이스라엘 집의 잃어버린 양에게로만 보냄을 받았다.
25 그때, 그 여자가 예수님께 와서 절을 하고 간청했습니다.
주님, 도와주십시오!
26 예수님께서 대답하셨습니다. "자기 자식의 빵
을 집어서, 개에게 던져 주는 것은 옳지 않다."

마태복음 TIP

유대인들은 개를 부정한 동물로 여기며 이방인들을 비유할 때 '개'라고 표현하곤 하였습니다. 이를 볼 때 예수님께서 여인을 무시하며 가혹하게 말씀하신 것처럼 느낄 수 있습니다. 그러나 당시 유대 문화에서는 작은 개를 집에서 애완견으로 기르며, 손으로 식사를 하고 난 후 손에 묻은 음식을 떡 조각으로 개가 닦아 먹을 수 있게 던져주었다고 합니다. 예수님께서는 이 문화에 빗대어 '자식(유대인)'의 '떡(축복)'을 '개(가나안 여인)'에게 줄 수 없다고 말씀하신 것입니다. 여인은 이에 굴하지 않고 예수님을 주인으로 비유하며 부스러기라도 만족한다는 믿음을 보였습니다. 예수님은 여인의 믿음을 칭찬하시며 그녀의 간청을 들어주십니다.

27 그 여자가 대답했습니다. "그렇습니다. 주님, 그
러나 개라도 주인의 식탁에서 떨어진 음식 부스러
기는 먹습니다."

28 그러자 예수님께서 말씀하셨습니다. "여자야, 너의 믿
음이 크구나! 네가 원하는 대로 될 것이다." 바로 그때, 그
여자의 딸이 나았습니다.

29 예수님께서는 그곳을 떠나 갈릴리 호숫가
로 가셨습니다. 그리고 산 위에 올라가서 앉으
셨습니다.

30 그러자 많은 사람들이 예수님께 왔습니다. 다리를 저는 사
람, 걷지 못하는 사람, 보지 못하는 사람, 말 못하는 사람, 그
밖에 많은 병자들을 데리고 왔습니다. 이들은 병자들을 예수
님의 발 앞에 두었고, 예수님께서는 이들을 고쳐 주셨습니다.

31 사람들은 말하지 못하던 사람이 말을 하고,
지체 장애인이 성한 몸을 갖게 되고, 다리를 저
는 사람이 다시 걷고, 보지 못하는 사람이 다시
보는 것을 보고 모두 놀랐습니다. 그리고 이스
라엘의 하나님께 영광을 돌렸습니다.

32 예수님께서 제자들을 부르시고 말씀하셨습니다.

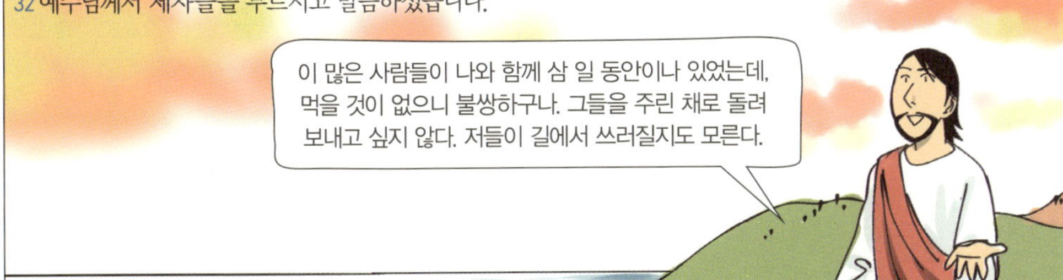
이 많은 사람들이 나와 함께 삼 일 동안이나 있었는데, 먹을 것이 없으니 불쌍하구나. 그들을 주린 채로 돌려 보내고 싶지 않다. 저들이 길에서 쓰러질지도 모른다.

❄ **가나안 여자(15:22)** 이방 여인이 유대인에게 무언가를 요청하는 것은 이례적인 일이었으나, 다윗의 자손이라는 표현을 쓴 것으로 보아 여인은 예수님에 대한 소문을 듣고 믿음을 갖고 있던 것으로 보인다.

33 제자들이 예수님께 물었습니다.
여기는 빈 들인데, 이처럼 많은 사람들을 배불리 먹일 만한 빵을 어디서 구하겠습니까?
34 예수님께서 물으셨습니다. "너희가 빵을 얼마나 가지고 있느냐?" 그들이 대답했습니다. "일곱 개입니다. 그리고 작은 생선 몇 마리가 있습니다."
35 예수님께서는 사람들에게 바닥에 앉으라고 지시하셨습니다.
36 일곱 개의 빵과 생선을 들고 감사 기도를 드린 후, 예수님께서는 이것을 나누어 제자들에게 주셨습니다. 제자들은 그것을 사람들에게 주었습니다.
37 모든 사람들이 먹고 배가 불렀습니다. 제자들이 남은 빵 조각을 거두어 들이니, 일곱 개의 커다란 광주리에 가득 찼습니다.
38 먹은 사람들은 모두 사천 명이었습니다. 이는 여자와 어린아이를 계산하지 않은 수입니다.
39 예수님께서 사람들을 돌려보내시고, 배를 타고 마가단이라는 곳으로 가셨습니다.
두로
고라신
가버나움
벳새다
게넷사렛
마가단
갈릴리바다
디베랴
가나
나사렛
갈릴리
나인성

❊ **배불리 먹일 만한 빵을 어디서(15:33)** 제자들은 예수님이 이미 오병이어의 기적을 행하셨다는 것을 놓치고 있었다. 확실한 믿음이 없기에 비슷한 일이 반복되어도 온전히 깨닫지 못하는 모습이다.

마태복음 16장

1 바리새파 사람들과 사두개파 사람들이 예수님께 왔습니다. 이들은 예수님을 떠보려고 하늘에서 오는 증거를 보여 달라고 하였습니다.
2 예수님께서 대답하셨습니다.
저녁 때에 너희는 '하늘이 불그스레하니 내일은 맑겠구나'라고 말한다.
3 "그리고 아침에 너희는 '하늘이 불그스레하고, 어둑어둑하니 오늘은 날씨가 궂겠구나'라고 말한다. 하늘의 모습은 구별할 줄 알면서, 어찌 시대의 증거는 구별하지 못하느냐?
4 악하고 음란한 세대가 증거를 요구한다. 그러나 요나와 같은 증거 외에는 아무것도 받지 못할 것이다." 그리고 나서 예수님께서는 그들에게서 떠나셨습니다.
5 제자들이 호수 건너편으로 왔는데, 빵을 가져오는 것을 잊었습니다.
6 예수님께서 제자들에게 말씀하셨습니다.
바리새파 사람과 사두개파 사람의 누룩을 조심하여라.
7 제자들은 서로 수군거렸습니다.
빵을 가져오지 않았어.

❇ **사두개파(16:1)** 부활, 천사, 영을 믿지 않는 현세주의자들. 부유하고 사치스러운 생활을 했다. ❇ **요나와 같은 증거(16:4)** 제자들은 부활하신 예수님이 이스라엘을 로마에서 독립시키실 것을 기대했다.

8 예수님께서 제자들이 말하는 것을 알아채시고, 말씀하셨습니다.
믿음이 적은 자들아, 어째서 빵이 없는 것을 두고 서로 수군대느냐?
9
아직도 깨닫지 못하느냐? 빵 다섯 개로 오천 명을 먹인 것을 기억하지 못하느냐? 그때, 남은 것을 몇 바구니에 거두어들였느냐?
10
그리고 빵 일곱 개로 사천 명을 먹인 것을 기억하지 못하느냐? 그때, 남은 조각을 몇 광주리에 거두었느냐?
11
내가 빵에 대하여 말하는 것이 아님을 어째서 깨닫지 못하느냐? 바리새파 사람들과 사두개파 사람들의 누룩을 주의하여라.
12 그제서야 제자들은 빵의 누룩에 대해 말씀하시는 것이 아니라, 바리새파 사람들과 사두개파 사람들의 교훈을 주의하라는 말씀인 줄 깨달았습니다.
13 예수님께서 가이사랴 빌립보에 가셨습니다. 예수님께서 제자들에게 "사람들이 인자를 누구라고 하느냐?" 하고 물으셨습니다.
14 제자들이 대답했습니다.
어떤 사람들은 세례자 요한이라고도 하고, 또 어떤 사람들은 엘리야라고 합니다. 또 어떤 사람들은 예레미야나 예언자 가운데 한 사람이라고 합니다.
15 예수님께서 제자들에게 물으셨습니다.
그러면 너희는 나를 누구라고 하느냐?

❊ **바리새파 사람들과 사두개파 사람들의 누룩(16:11)** 그들의 가르침, 곧 바리새인의 완고하고 위선적인 형식주의와 사두개인의 정치적 기회주의, 물질주의를 말한다.

16 시몬 베드로가 대답했습니다.

주님은
그리스도시며,
살아계신 하나님의
아들이십니다.

17 예수님께서 베드로에게 말씀하셨습니다.

요나의 아들 시몬아 네가 복되다.
네 혈육이 이것을 네게 알려
준 것이 아니라, 하늘에 계신
내 아버지께서 알려 주신 것이다.

18 "내가 네게 말한다. 너는 베드로다. 내가 이 돌 위에
내 교회를 지을 것이니, 지옥의 문이 이것을 이기지 못
할 것이다.

19 내가 네게 하늘나라의 열쇠를 줄 것이다. 무엇이든
지 네가 땅에서 잠그면 하늘에서도 잠겨 있을 것이
요, 무엇이든지 네가 땅에서 열면 하늘에서도 열려
있을 것이다."

20 그리고 나서 예수님께서 제자들에게 자신이
그리스도라는 것을 아무에게도 말하지 말라고
엄히 일렀습니다.

21 그때부터, 예수님께서는
자신이 예루살렘에 반드시
가야만 하며, 거기서 장로
들과 대제사장 그리고 율
법학자들에게 고난을 받아
결국엔 죽임을 당하지만
삼 일째 되는 날에 다시 살
아나실 것을 제자들에게
설명하기 시작하셨습니다.

마태복음 TIP

예수님은 빌립보 지방의 가이사랴에서 제자들에게 자신을 누구라고 하는지 물으셨습니다. 빌립보 가이사랴는 헤롯 빌립 2세가 로마 황제(가이사랴)를 기념하며 그에게 바치는 의미로 세운 도시입니다. 이방문화와 우상숭배가 활발했던 이곳에서 베드로는 예수님을 살아계신 하나님의 아들로 고백하였습니다. 우상과 욕심으로 가득한 세상에서 예수님을 유일한 그리스도로 고백하는 이마다 반석 위에 세운 교회가 되어 음부의 권세를 이기며 영원한 생명을 얻을 수 있습니다.

22 그러자 베드로가 예수님을 붙들고 말렸습니다.

절대로 그럴 수는
없습니다, 주님!
이런 일이 결코
일어나지 않을 것
입니다!

23 예수님께서 돌아서며 베드로에게 말씀하셨습니다.

사탄아, 내 뒤로 썩 물러가라! 네가 나를 넘어지게
한다. 너는 하나님의 일을 생각지 않고, 오직 사람
의 일만 생각하는구나.

24 그때, 예수님께서 제자들에게 말씀하셨습니다.
"만일 누구든지 나를 따라오려면 자기를 부정하고,
자기 십자가를 지고, 나를 따르라."

25 "누구든지 자기 목숨을 건지려고 하는 사람은
잃을 것이다. 그러나 누구든지 나를 위하여 자기
목숨을 잃는 사람은 얻을 것이다."

26 "만일 어떤 사람이 온 세상을 얻고도 자기 영혼을
잃으면 무슨 소용이 있겠느냐? 사람이 무엇과
자기 영혼을 바꿀 수 있겠느냐?"

27 "인자는 아버지의 영광을 가지고 천사들과 함께
올 것이다. 그때는 사람의 행위대로 갚아줄 것이다.

28 내가 너희에게 진정으로 말한다. 여기 서 있는 사람
가운데 몇몇은 인자가 자신의 나라에 오는 것을 볼 때
까지 죽음을 맛보지 않을 사람도 있다."

❊ **말렸습니다(16:22)** 이 말의 원문은 '책망하다'라는 의미를 담고 있다. 베드로는 매우 강력한 어조로 예수님의 죽음을 부정한 것이다. 예수님은 죽음과 함께 부활을 말씀하셨으나 베드로는 말씀의 전부를 이해하지 못했다.

마태복음 17장

1 육 일 뒤에 예수님께서는 베드로와 야고보, 그리고 야고보의 동생 요한을 데리고 따로 높은 산에 올라가셨습니다.
2 그들 앞에서 예수님의 모습이 변화되었습니다. 예수님의 얼굴은 해같이 빛나고, 옷은 빛처럼 희게 되었습니다.
3 그때에 모세와 엘리야가 나타나 예수님과 함께 말씀을 나누었습니다.
4 베드로가 예수님께 말했습니다. "주님, 우리가 여기 있는 것이 좋습니다. 원하신다면 제가 여기에 천막 세 개를 세우겠습니다. 하나는 주님을 위해, 또 하나는 모세를 위해, 그리고 마지막 하나는 엘리야를 위해서 말입니다."
5 베드로가 말하는 동안에 갑자기 빛나는 구름이 그들 위를 덮고, 그 속에서 "이는 내가 사랑하며 기뻐하는 아들이다. 너희는 그의 말을 들어라!" 하는 소리가 들려왔습니다.
6 제자들이 그 소리를 듣고, 얼굴을 땅에 대고 엎드리며 무서워하였습니다.
7 예수님께서 그들에게 오셔서, 어루만지시며 말씀하셨습니다.
일어나라, 무서워하지 마라.

❇ **모세와 엘리야(17:3)** 모세는 구약의 모세오경을 기록한 율법을 대표하는 인물이며, 엘리야는 선지자를 대표하는 인물이다. 율법과 선지자는 구약성경 전체를 대표하는 표현이다.

8 제자들이 눈을 들어 보니 아무도 보이지 않고, 예수님만 혼자 계셨습니다.
9 산 아래로 내려올 때에 예수님께서 제자들에게 당부하셨습니다.
인자가 죽음에서 다시 살아날 때까지, 너희가 본 것을 아무에게도 말하지 마라.
10 제자들이 예수님께 여쭈었습니다.
어째서 율법학자들은 그리스도가 오기 전에 엘리야가 먼저 와야 한다고 말하는 것입니까?
11 예수님께서 대답하셨습니다.
엘리야가 와서 모든 것을 회복시킬 것이다.
12
그러나 내가 너희에게 말한다. 엘리야는 이미 왔다. 그런데 사람들은 그를 알아보지 못하고, 그에게 자기들 마음대로 하였다. 이처럼 인자도 그들로부터 고통을 받을 것이다.
13 그때서야, 제자들이 예수님께서 세례자 요한을 두고 말씀하셨다는 것을 깨달았습니다.

마태복음 TIP

예수님의 얼굴이 해같이 빛나고 옷이 빛처럼 희게 된 모습은 주님의 신성을 보여줍니다. 이 모습은 나중에 사도 요한이 밧모 섬에서 요한계시록을 쓸 때 나타나신 주님의 모습과도 일치합니다. 한편 모세는 구약의 모세오경을 기록한 율법을 대표하는 인물이며, 엘리야는 죽지 않고 승천한 선지자를 대표하는 인물입니다. 율법과 선지자는 구약성경 전체를 대표하는 표현입니다. 모세와 엘리야가 변화되신 예수님 앞에 나타난 것은 구약의 모든 것이 예수 그리스도를 통해 온전히 이루어진 것을 상징하는 것이라 할 수 있습니다.

14 예수님과 제자들이 사람들에게 갔을 때, 어떤 사람이 예수님께 와서 무릎을 꿇고 절을 하며 말했습니다.

15 "주님, 제 아들에게 자비를 베풀어 주십시오. 이 아이가 간질에 걸려서 너무나 고생하고 있습니다. 이 아이는 가끔 불에도 뛰어들고, 물에도 뛰어듭니다.

16 제가 이 아이를 제자들에게 데리고 왔었는데, 고칠 수 없었습니다."

17 예수님께서 말씀하셨습니다.

아! 믿음이 없고, 뒤틀어진 세대여! 도대체 언제까지 내가 너희와 함께 있어야 하겠느냐? 언제까지 내가 너희를 참아야 하겠느냐? 그 아이를 내게 데리고 오너라.

18 예수님께서 귀신을 꾸짖으셨습니다. 그러자 귀신이 아이에게서 나가고, 그 아이는 즉시 나았습니다.

19 제자들이 예수님께 따로 와서 물었습니다.

어째서 우리는 귀신을 쫓아낼 수 없었습니까?

20 예수님께서 대답해 주셨습니다. "너희 믿음이 적어서이다. 내가 너희에게 진정으로 말한다. 너희에게 겨자씨 한 알만한 믿음이 있으면, 이 산을 향하여 '여기서 저기로 움직여라' 말할 것이다. 그러면 산이 움직일 것이다. 너희가 못할 일이 아무것도 없을 것이다."

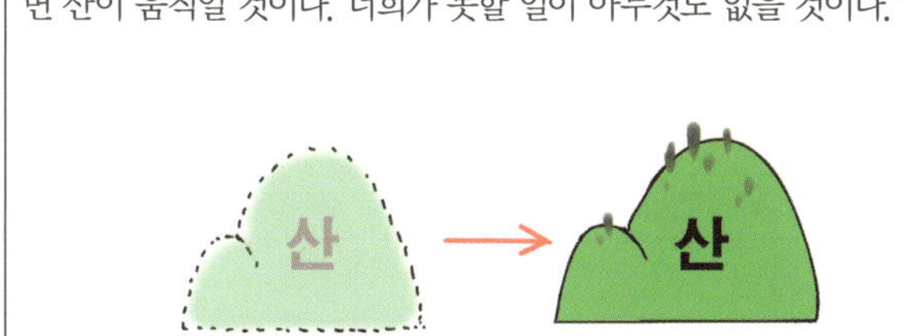
산
산

22 제자들이 갈릴리에 모여 있었을 때, 예수님께서 그들에게 말씀하셨습니다. "인자가 사람들의 손에 넘겨질 것이고,

❇ **간질(17:15)** 갑자기 의식을 잃고 격심한 발작을 일으키는 병. ❇ **21절** 없음. 어떤 사본에는 다음과 같은 구절이 있다. '기도와 금식이 아니면 이런 귀신은 나가지 않는다.'

23 사람들은 그를 죽일 것이다. 그러나 삼 일째 되는 날에 다시 살아날 것이다." 그러자 제자들은 몹시 슬퍼하였습니다.
24 예수님과 제자들이 가버나움에 이르렀을 때, 성전세를 걷는 사람들이 베드로에게 와서 물었습니다.
당신네 선생님은 성전세를 내지 않습니까?
25 베드로가 대답했습니다. "내십니다." 베드로가 집에 들어가자, 예수님께서 먼저 말씀을 꺼내셨습니다.
어떻게 생각하느냐? 시몬아, 이 세상의 왕들은 관세와 세금을 누구에게서 받느냐? 왕의 자녀들한테서냐? 아니면 다른 사람들한테서냐?
26 베드로가 대답했습니다. "다른 사람들에게서입니다." 예수님께서 베드로에게 말씀하셨습니다.
그러므로 왕의 자녀들은 세금을 낼 필요가 없다.
27 "그러나 성전세 걷는 사람들을 자극해서는 안 되겠다. 그러니 호수에 가서 낚시를 던져라. 그리고 첫 번째 낚은 물고기의 입을 벌려 보아라. 은돈 한 개가 있을 것이다. 그것을 가져다가 성전세 걷는 사람에게 나와 네 몫으로 주어라."

❄ **성전세(17:24)** 성전을 관리하기 위해 걷는 세금. 유대인 남자들은 1년에 한 번 성전세로 반 세겔씩을 납부하였다.

마태복음 18장

1 그때, 제자들이 와서 예수님께 물었습니다.
하늘나라에서는 누가 가장 높은 사람입니까?
2 예수님께서 한 어린아이를 부르시더니 제자들 앞에 세워 놓으셨습니다.
3 그리고 말씀하셨습니다.
내가 너희에게 진정으로 말한다. 너희가 돌이켜 어린아이처럼 되지 않으면, 하늘나라에 들어갈 수 없다.
4
이 어린아이처럼 자신을 낮추는 사람이 하늘나라에서 가장 높은 사람이다.
5 "누구든지 내 이름으로, 이와 같은 어린아이를 환영하는 사람은 나를 환영하는 것이다."
6 "누구든지 나를 믿는 이런 어린아이 한 명이라도 죄를 짓게 하는 사람은 차라리 자기 목에 연자 맷돌을 매고, 깊은 바다에 빠지는 것이 더 나을 것이다.
7 사람들을 넘어지게 하는 방해물 때문에 이 세상에 화가 미친다. 방해물이 없을 수는 없다. 그러나 사람들을 걸려 넘어지게 하는 방해물과 같은 사람에게는 화가 있다.

❊ **사람들을 넘어지게 하는 방해물(18:7)** 원문은 '스칸달리온'으로, 여기서 '스캔들'이라는 말이 유래하였다. 사람을 유혹하여 믿음에서 멀어지게 하거나 죄를 짓게 만드는 요인을 가리킨다.

8 만일 너희의 손이나 발이 너를 넘어지게 하거든, 잘라서 던져버려라. 장애인으로 영원한 생명에 들어가는 것이, 두 손과 두 발을 가지고 영원한 불에 던져지는 것보다 훨씬 낫다.
9 만일 너희의 눈이 죄짓게 하거든 뽑아서 던져버려라. 한 눈만 가지고 영원한 생명에 들어가는 것이, 두 눈을 가지고 지옥 불에 던져지는 것보다는 훨씬 낫다."
10 "이 어린아이 한 명이라도 업신여기지 마라. 내가 너희에게 말한다. 그들의 천사들이 하늘에 계신 내 아버지의 얼굴을 항상 뵙고 있다.
12 너희는 어떻게 생각하느냐? 만일 어떤 사람에게 백 마리의 양이 있는데 그중에서 한 마리가 길을 잃었다면, 산에 아흔아홉 마리의 양을 남겨두고 길 잃은 그 양을 찾으러 가지 않겠느냐?
97
98
99
100
13 내가 진정으로 말한다. 만일 양을 찾게 되면, 길을 잃지 않은 아흔아홉 마리의 양보다 그 양 한 마리 때문에 더욱 기뻐할 것이다."
14
마찬가지로 이 어린아이 중 하나라도 잃어버리는 것은, 하늘에 계신 너희 아버지의 뜻이 아니다.

마태복음 TIP

연자 맷돌은 당시 여인들이 가정에서 쓰던 작은 맷돌이 아니라, 나귀를 이용하여 다량의 곡식을 빻을 때 돌리던 아주 큰 맷돌을 의미합니다. 그리스 로마법에는 부모를 살해하거나 반역죄를 지은 중죄인에게 실제로 이런 맷돌을 목에 감아 바다에 빠뜨려 죽이는 형벌이 있었습니다. 즉, 예수님의 말씀은 작은 자 하나를 실족시키는 죄가 얼마나 중한 것인가를 보여줍니다. 여기서의 작은 자는 단순히 어린아이만을 의미하는 것을 넘어 겸손하고 순수한 마음으로 예수님을 믿는 참된 성도를 말한다고 할 수 있습니다.

15 “만일 네 형제가 네게 죄를 짓거든, 가서 단 둘
이 있을 때에 잘못을 지적하여라. 만일 그가 네 말
을 들으면, 네 형제를 얻은 것이다.

16 그러나 만일 네 말을 듣지 않으면, 한두 사람을 데리고
다시 가거라. 그래서 네가 하는 모든 말에 두세 사람의 증
인을 대라.

17 만일 그들의 말도 들으려고 하지 않으면, 교회에 말하
여라. 만일 교회의 말도 듣지 않으려고 하면, 이방 사람
이나 세리처럼 여겨라.

18 내가 너희에게 진정으로 말한다. 너희가 이 세상
에서 묶은 것은, 하늘에서도 묶여 있을 것이다. 이
세상에서 너희가 푼 것은, 하늘에서도 풀려 있을
것이다.

19 다시 너희에게 진정으로 말한다. 너희 가운데 두 사람이
이 세상에서 마음을 같이하여 무엇을 구하면, 하늘에 계신
내 아버지께서 이루어 주실 것이다.

20 두세 사람이 나의 이름으로 모인 곳에는 나
도 그들 가운데 있을 것이다.”

21 그때, 베드로가 예수님께 와서 물었습니다.

주님, 형제가 제게 죄를 지으면
몇 번이나 용서해 주어야 합니까?
일곱 번까지입니까?

22 예수님께서 대답하셨습니다.

일곱 번까지가 아니라, 일곱
번씩 일흔 번까지라도 용서해
주어야 한다.

❊ **11절** 없음. 어떤 사본에는 다음과 같은 구절이 있다. ‘인자는 잃어버린 자를 구원하러 왔다.’ ❊ **일곱 번까지(18:22)** 당시 랍비들은 세 번까지 용서하라고 가르쳤다. 베드로는 이보다 더 크게 완전수 일곱을 이야기했다.

23 "그러므로 하늘나라는 자기 종들과 셈을 가리려는 왕에 빗댈 수 있다.
24 왕이 셈을 시작할 때에 만 달란트를 빚진 종이 불려 왔다.
25 그 종은 왕에게 돈을 갚을 수가 없었다. 그래서 주인은 종에게 아내와 자녀들과 가진 것을 다 팔아 빚을 갚으라고 명령했다.
26 종은 주인의 무릎 아래 엎드려 빌었다.
기다려 주십시오. 제가 모든 것을 갚겠습니다.
27 주인은 그 종을 불쌍히 여기고, 풀어 주며 빚을 없던 것으로 해 주었다.
28 그런데 그 종이 나가서 자기에게 백 데나리온을 빚진 동료를 만났다. 그는 동료의 멱살을 잡고 말했다.
나에게 빌린 돈을 어서 갚아라!
29 동료는 그 종의 무릎 아래 엎드려 빌었다.
기다려 주게. 내가 모든 것을 갚겠네.

❊ **달란트(18:24)** 금은의 중량. 노동자의 약 20년치 연봉이다. 만 달란트는 쉽게 계산할 수 없는 어마어마한 값어치다.

30 그러나 그 종은 들어주지 않았다. 가서 동료를 감옥에 넣고, 자기에게 빚진 것을 다 갚을 때까지 갇혀 있게 하였다.
31 다른 동료들이 이 광경을 보고 매우 딱하게 여겨, 주인에게 가서 일어난 일을 자세히 말씀드렸다.
32 그러자 주인이 그 종을 불러 말했다.
이 악한 종아! 네가 나에게 빌기에 내가 네 모든 빚을 없던 것으로 해 주었다.
33
내가 네게 자비를 베풀었던 것처럼, 너도 네 동료에게 자비를 베풀어야 하지 않느냐?
34 그 주인은 매우 화가 나서 그 종을 감옥에 넣고, 자기에게 빚진 것을 다 갚을 때까지 감옥에 있게 하였다.
35 이와 같이 너희가 형제를 마음으로부터 용서하지 않는다면, 하늘에 계신 내 아버지께서도 너희에게 이같이 하실 것이다."

❄ **데나리온(18:28)** 은전의 명칭으로, 노동자 한 사람의 하루 품삯. 백 데나리온은 백 일 분량의 임금으로, 앞서 종이 탕감받은 만 달란트의 60만분의 1에 해당하는 적은 금액이다.

마태복음 19장

1 이 말씀을 다 마치시고, 예수님은 갈릴리를 떠나 요단 강 건너편에 있는 유대 지방으로 가셨습니다.

2 많은 사람들이 예수님을 따라오자, 예수님께서는 그곳에서 그들을 치료해 주셨습니다.

3 몇몇 바리새파 사람이 와서 예수님을 시험하려고 물었습니다.

무엇이든 이유만 있으면,
자기 아내와 이혼하는
것이 괜찮습니까?

4 예수님께서 대답하셨습니다. "너희가 이 말씀을 읽지 못했느냐? '맨 처음 사람을 만드신 분이 남자와 여자로 지으셨다.'

5 그리고 이렇게 말씀하셨다. '그러므로 남자는 부모를 떠나 아내와 합할 것이다. 두 사람이 한 몸이 될 것이다.'

6 이처럼 두 사람은 이제 둘이 아니라 한 몸이다. 하나님께서 묶으신 것을 사람이 나누지 마라."

7 바리새파 사람들이 물었습니다. "그러면 왜 모세는 이혼 증서를 주고, 아내와 헤어지라고 명령하였습니까?"

❊ **요단강(19:1)** 갈릴리 호수를 거쳐 사해로 이어지는 강. 오늘날의 요르단 강. ❊ **시험(19:3)** 여기에서는 트집을 잡기 위해 바리새인들이 예수님을 떠보는 것을 말한다.

8 예수님께서 대답하셨습니다. "모세가 아내와의 이혼을 허락한 것은, 너희 마음이 악하기 때문이다. 그러나 원래부터 그랬던 것은 아니다.

9 내가 너희에게 말한다. 부정을 저지르지 않았는데도 아내와 이혼하고, 다른 여자와 결혼하는 것은 간음죄를 짓는 것이다."

10 제자들이 예수님께 말했습니다.

만일 남편과 아내와의 관계가 이와 같다면, 차라리 결혼하지 않는 것이 낫겠습니다.

11 예수님께서 대답하셨습니다.

모든 사람이 이 말을 받아들일 수는 없다. 오직 하나님께서 허락하신 사람들만이 그렇게 할 수 있다.

12 어머니 배에서 나올 때부터 고자로 태어난 사람이 있고, 다른 사람에 의하여 고자가 된 사람도 있고, 하늘나라를 위해 스스로 고자가 된 사람도 있다. 이 말을 받아들일 수 있는 사람은 받으라."

13 그때, 사람들이 자기의 자녀들을 데리고 와서, 예수님께서 손을 얹고 기도해 주시기를 바랐습니다. 그러자 제자들이 이들을 꾸짖었습니다.

마태복음 TIP

고대 중동 지역에서는 여성의 인권이 절대적으로 열악하였고, 여성을 남성의 소유물처럼 여겼습니다. 남성이 약간의 트집만 잡아도 얼마든지 이혼하고 여성을 내쫓을 수 있던 것입니다. 그렇기에 모세는 아내가 '수치스러운 일(음행)'을 한 이유 외에는 남성이 함부로 이혼할 수 없도록 하고, 이혼증서를 써주게 했습니다. 그러나 바리새인들은 이것을 확대해석하여 아내가 음식을 태우거나 행동이 경박스럽다는 등 사소한 이유를 들며 이혼증서를 만들어 이혼하고 재혼하는 등 율법을 악용했습니다.

14 예수님께서 말씀하셨습니다.
어린아이들이 내게 오는 것을 막지 마라. 하늘나라는 이런 어린아이와 같은 사람들의 것이다.
15 예수님께서 어린아이들에게 손을 얹어 기도해 주시고, 그곳을 떠나셨습니다.
16 어떤 사람이 예수님께 와서 물었습니다.
선생님, 영원한 생명을 얻으려면 어떤 선한 일을 해야 합니까?
17 예수님께서 대답하셨습니다.
왜 선한 것에 대하여 내게 묻느냐? 선하신 분은 오직 한 분뿐이다. 영원한 생명을 얻고 싶다면, 계명을 지켜라.
18 그 사람이 물었습니다. "어떤 계명을 지켜야 합니까?" 예수님께서 대답하셨습니다. "살인하지 마라. 간음하지 마라. 도둑질하지 마라. 거짓 증언 하지 마라.
19
네 부모를 공경하여라. 네 이웃을 네 자신처럼 사랑하여라.
20 그 청년이 말했습니다.
이 모든 것을 지금까지 다 지켜 왔습니다. 그 밖에 제게 부족한 것이 무엇입니까?
21 예수님께서 대답하셨습니다.
만일 네가 완전해지길 원한다면, 가서 네가 가진 것을 다 팔아 가난한 사람에게 나누어 주어라. 그러면 하늘에서 보물을 얻게 될 것이다. 그런 후에 와서 나를 따르라!

❋ **선하신 분은 오직 한 분(19:17)** 영생을 얻기 위한 선행을 묻는 청년에게 예수님이 이렇게 대답하신 이유는, 인간이 하는 선행으로는 영생을 얻을 수 없음을 강조하시기 위함이다.

22 이 말씀을 들은 청년은 매우 슬퍼하며 떠나갔습니다. 왜냐하면 그가 가진 재산이 너무 많았기 때문입니다.
23 예수님께서 제자들에게 말씀하셨습니다.
내가 너희에게 진정으로 말한다. 부자가 하늘나라에 들어가는 것은 어렵다.
24 "다시 너희에게 말한다. 부자가 하나님의 나라에 들어가는 것은 낙타가 바늘 구멍에 들어가는 것보다 더 어렵다."
25 제자들이 이 말씀을 듣고 매우 놀라서 물었습니다.
그러면 누가 구원을 받을 수 있습니까?
26 예수님께서 그들을 보시며 말씀하셨습니다.
사람은 할 수 없지만, 하나님께서는 모든 것을 하실 수 있다.
27 베드로가 예수님께 말했습니다.
그렇다면 모든 것을 버리고 주님을 따른 저희에게는 무엇이 있겠습니까?
28 예수님께서 그들에게 말씀하셨습니다. "내가 너희에게 진정으로 말한다. 나를 따라오는 너희들은, 인자가 영광의 보좌에 앉는 새 시대에, 열두 보좌에 앉아 이스라엘 열두 부족을 심판하게 될 것이다.

❇ **부자가 하나님의 … 더 어렵다(19:24)** 부유한 사람은 천국에 가지 못한다는 말이 아니라, 하나님보다 물질을 더 사랑하며 사는 사람들에게 일침을 놓으시는 말씀이다.

29 나를 위하여 집, 형제와 자매, 부모와 자식, 그리고 밭을 버리는 사람은 몇 배로 보상을 받을 것이며 영원한 생명을 얻을 것이다."
30
그러나 첫째가 꼴찌가 되고, 꼴찌가 첫째가 되는 사람이 많을 것이다.

❇ **새 시대(19:28)** 예수님의 재림으로 이루어지는 영원한 천국을 언급하신 것이다.

마태복음 20장

1 "하늘나라는 자신의 포도밭에서 일할 일꾼을 찾으려고 아침 일찍 나간 주인과 같다.

2 그는 일꾼들에게 하루 품삯으로 한 데나리온을 주기로 하고, 그 일꾼들을 포도밭으로 보냈다.

3 주인이 오전 9시쯤에 다시 시장에 나갔다가 거기서 빈둥거리며 서 있는 몇몇의 사람들을 보았다.

4 주인이 그 사람들에게 말했다. '당신들도 포도밭에 가서 일하시오. 적당한 품삯을 주겠소.' 그러자 그들은 포도밭으로 갔다.

5 이 사람이 다시 낮 12시와 오후 3시쯤에 나갔다. 그리고 똑같이 말했다.

6 또 오후 5시쯤에도 시장에 나가 또 다른 사람들이 거리에 서 있는 것을 보고 물었다.

왜 당신들은 하루 종일 빈둥거리며 서 있습니까?

7 그들이 대답했다. '아무도 우리에게 일자리를 주지 않았습니다.' 주인이 그들에게 말했다.

당신들도 나의 포도밭에 가시오.

❇ **데나리온(20:2)** 은전의 명칭으로, 노동자 한 사람의 하루 품삯. ❇ **빈둥거리다(20:6)** 아무 일도 하지 아니하고 자꾸 게으름을 피우며 놀기만 하다.

8 저녁이 되자, 포도밭 주인이 관리인에게 말했다. '일꾼들을 불러 마지막에 온 사람부터 맨 처음에 왔던 사람까지 품삯을 주어라.'
9 오후 5시에 고용된 일꾼들이 와서, 각각 한 데나리온씩을 받았다.
10 이제 맨 처음에 고용되었던 일꾼들이 왔다. 그들은 더 많은 품삯을 받게 될 것이라고 기대했지만, 그들도 한 데나리온씩을 받았다.
11 그러자 그들은 포도밭 주인에게 불평을 하였다.
12
저 사람들은 겨우 한 시간밖에 일하지 않았는데, 하루 종일 뙤약볕 아래서 수고한 우리들과 똑같이 취급하는군요.
13 그러자 포도밭 주인이 말했다.
친구여, 나는 당신에게 잘못한 것이 없소. 당신들은 한 데나리온을 받기로 나와 약속하지 않았소?

마태복음 TIP

유대 사회에서는 보통 오전 6시에 일을 시작해 오후 6시에 일을 마쳤습니다. 그런데 포도 수확 철에는 일꾼이 많이 필요했고, 안식일이 되기 전에 수확을 마무리해야 했기 때문에 일꾼을 더 구하러 다니는 경우가 있다고 합니다. 그럼에도 온종일(오후 5시까지) 사람을 구하러 다니고, 늦게 온 자들에게도 동일한 품삯을 주는 주인의 태도를 이해하기는 어렵습니다. 예수님의 이 비유는 공로와 능력이 지배하는 세상의 원리와 다른, 하나님의 긍휼과 은혜의 원칙이 지배하는 천국의 원리를 보여줍니다. 선하신 하나님은 자격이 없는 우리를 끝까지 부르시고, 풍성한 은혜를 부어주시는 분입니다.

14
당신 것이나 가지고 돌아가시오. 나는 나중 사람에게도 당신과 똑같이 주고 싶소.
15
내 것을 가지고 내 뜻대로 하는 것이 무슨 잘못이오? 내가 자비로운 사람이라서 당신의 눈에 거슬리오?
16
그러므로 꼴찌가 첫째가 되고, 첫째가 꼴찌가 될 것이다.
17 예수님께서 예루살렘으로 가실 때, 열두 명의 제자만 따로 데리고 가셨습니다. 가시는 도중에 예수님께서 제자들에게 말씀하셨습니다.
18
보아라. 우리가 예루살렘으로 간다. 인자가 대제사장들과 율법학자들에게 넘겨질 것이고, 그들은 인자에게 사형죄를 씌울 것이다.
19
그들은 인자를 이방 사람들에게 넘겨, 비웃고 채찍질하고 십자가에 매달아 죽게 할 것이다. 그러나 삼 일째 되는 날에 인자가 다시 살아날 것이다.
20 그때, 세베대의 아들들을 데리고 그 어머니가 예수님께 왔습니다. 그 여자는 예수님께 절하고, 간청하였습니다.
21 예수님께서 물으셨습니다. "무엇을 원하느냐?" 어머니가 예수님께 말했습니다.
주님의 나라에서 제 한 아들은 주님의 오른쪽에, 또 다른 한 명은 주님의 왼쪽에 앉으라고 말씀해 주십시오.

❇ **주님의 오른쪽, 주님의 왼쪽(20:21)** 왕의 좌우편에 앉는다는 의미를 최고의 권력을 상징한다. 야고보와 요한은 당시 예수님의 3대 제자로 활동하고 있었으므로 그들의 어머니는 자연스럽게 이런 욕심을 갖게 되었을 것이다.

22 그러자 예수님께서 말씀하셨습니다. "너희가 무엇을 요구하는지 깨닫지 못하고 있다. 내가 마실 잔을 너희도 마실 수 있느냐?" 그들이 대답했습니다.
예, 마실 수 있습니다!
23 예수님께서 그들에게 말씀하셨습니다.
내 잔을 너희가 마실 것이다. 그러나 내 오른쪽과 왼쪽에 누구를 앉힐 것인지 결정하는 것은 내가 할 일이 아니다. 그 자리는 내 아버지께서 미리 정하신 사람들의 것이다.
24 다른 열 명의 제자들이 이것을 듣고, 그 두 형제에게 분개하였습니다.
25 예수님께서 제자들을 모두 불러 말씀하셨습니다. "이방 사람의 통치자들은 다른 사람의 주인이 되려고 한다는 것을 너희가 안다. 그 고관들은 사람들에게 권력을 행사한다."
26 "그러나 너희는 저희들과 같이 되어서는 안 된다. 누구든지 너희 중에서 높아지려면, 먼저 섬기는 자가 되어야 한다.
27 만일 누구든지 너희 가운데서 첫째가 되려면, 너희의 종이 되어야 한다."

마태복음 TIP

세베대의 아들들의 어머니 살로메는 예수님의 어머니 마리아와 자매 사이입니다. 그녀는 예수님을 찾아와 두 아들의 권력을 보장해달라 부탁했습니다. 친인척 관계를 배경으로 한 일종의 청탁과 마찬가지입니다. 이것은 예수님을 통해 임할 하나님 나라를 이 땅의 정치적인 원리로 이해하고 있었기 때문입니다. 예수님께서 내가 마실 잔을 너희도 마실 수 있느냐 물으셨을 때, 야고보와 요한은 그 잔(고난)의 의미를 제대로 이해하지 못했지만 마실 수 있노라 대답했습니다. 예수님의 부활과 성령강림 이후에서야, 두 사람은 예수님의 말씀을 온전히 이해했을 것입니다. 시간이 흐른 후, 야고보는 사도 중에 최초의 순교자가 되었고, 요한은 밧모 섬에 유배되는 고난을 당했습니다.

28
인자는 섬김을 받으러 온 것이 아니라 섬기러 왔고, 자기 목숨을 많은 사람들을 위하여 주려고 왔다.
29 예수님과 제자들이 여리고를 떠날 때, 많은 사람들이 예수님을 따라갔습니다.
30 보지 못하는 사람 두 명이 길가에 앉아 있다가, 예수님께서 지나가시는 소리를 듣고 외쳤습니다.
주님, 저희들을 불쌍히 여겨 주십시오! 다윗의 아들이시여!
31 사람들이 그들을 꾸짖으며 조용히 하라고 했습니다. 그러나 이 사람들은 더욱 크게 소리 질렀습니다.
주님, 저희들을 불쌍히 여겨 주십시오! 다윗의 자손이시여!
32 예수님께서 가던 길을 멈추시더니 그 사람들을 불러 말씀하셨습니다.
내가 너희에게 무엇을 해 주길 원하느냐?
33 그들이 대답했습니다.
주님, 눈을 뜨기를 원합니다.
34 예수님께서 그 보지 못하는 사람들을 불쌍히 여기시고, 그들의 눈을 만지셨습니다. 그 즉시 그들은 시력을 회복하였습니다. 그리고 나서 그들은 예수님을 따랐습니다.

❇ **보지 못하는 사람 두 명(20:30)** 다른 복음서는 맹인이 한 명 등장하고, 그 이름을 '바디매오'라고 기록한다. 두 명의 맹인이 있었고, 바디매오가 더 주도적으로 주님을 찾은 것으로 생각해 볼 수 있다.

마태복음 21장

1 예수님과 제자들이 예루살렘에 가까이 오시다
가, 올리브 산 기슭에 있는 벳바게라는 곳에 이르
렀습니다. 예수님께서는 거기서 두 명의 제자들
을 마을로 보내셨습니다.
2 예수님께서 말씀하셨습니다.
너희는 맞은편 마을로 들어가거라. 그러면 당나귀 한 마리가 새끼와 함께 묶여 있는 것을 발견할 것이다. 그 당나귀를 풀어서 나에게 가져오너라.
3
만일 누가 너희에게 무슨 말을 하거든, '주님이 필요하시답니다'라고 하여라. 그러면 즉시 내어줄 것이다.
4 이것은 예언자가 말한 것을 이루려고
하신 것이었습니다.
5 "시온의 딸에게 말하여라. '보아라. 네 왕이 네게
로 오신다. 그는 겸손하여 당나귀를 탔는데, 어린
당나귀, 곧 나귀 새끼를 타고 오신다.' "
6 두 제자들이 가서 예수님께서 지시하신 그대로 했습
니다.
7 그들은 당나귀와 그 새끼를 데리고 와서, 그 등에 자
기들의 옷을 깔았습니다. 예수님께서는 그 위에 앉으
셨습니다.

❊ **올리브 산(21:1)** 예수님께서 자주 기도하러 올라가시던 산으로 '감람 산'이라고도 하며 예루살렘 동쪽에 있다. ❊ **호산나(21:9)** '우리를 구원하소서, 우리가 기도하나이다'라는 의미.

8 수많은 사람들이 자기 옷을 벗어 길에 깔았고,
나뭇가지를 잘라 똑같이 했습니다.

9 예수님의 앞뒤에서 따라가던 사람들이 소리쳤습니다. "다
윗의 아들에게 호산나! 주님의 이름으로 오시는 분이 복되
도다! 높은 곳에서 호산나!"

10 예수님께서 예루살렘으로 들어가셨을 때, 온 도시는
흥분으로 가득 찼습니다. 사람들이 물었습니다.
이 사람이 누구냐?

11 사람들이 대답했습니다. "이 사람은 갈릴리 나사렛
출신의 예수라는 예언자입니다."

12 예수님께서 성전에 들어가셨습니다. 예수님께서는
성전에서 사고파는 사람들을 모두 내쫓으시며, 돈
바꾸어 주는 사람들의 책상과 비둘기 파는 사람들의
의자를 둘러엎으셨습니다.

13 그리고 사람들에게 말씀하셨습니다.
'내 집은 기도하는 집이라 불릴 것이다'라고 성경에 기록되어 있는데, 너희는 오히려 '강도들의 소굴'로 바꾸어 버렸다.

마태복음 TIP

예수님께서 나귀를 타고 예루살렘에 들어가신 것은, 예수님이 분명 이스라엘 백성들이 기다려 온 메시아이시나, 그들이 기대한 정치적이고 민족적인 메시아는 아니심을 말해줍니다. 군중들은 예수님을 로마의 압제에서 자신들을 해방시켜줄 영웅으로 생각하고 있었습니다. '다윗의 아들'이라고 환호한 것은, 예수님을 유대인의 왕으로 맞이한다는 의미였고, 바닥에 옷을 벗어 예수님이 지나시는 길에 깔아드린 것은 새 왕의 즉위를 상징하는 행동이었습니다. 그러나 예수님은 스가랴의 예언(슥 9:9)대로 왕에게 어울리지 않는 나귀 새끼를 타고 오심으로, 겸손한 고난의 종이자 평화의 왕이심을 드러내셨습니다.

14 성전에서 보지 못하는 사람들과 다리를 저는 사람들이 예수님께 오자, 예수님께서는 그들을 고쳐 주셨습니다.
15 대제사장들과 율법학자들이, 예수님께서 하신 여러 가지 놀라운 일들과 "다윗의 자손에게 호산나!"라고 외치는 아이들을 보았습니다. 그들은 매우 화가 났습니다.
16 그래서 예수님께 말했습니다. "이 어린이들이 말하는 것이 들립니까?" 예수님께서 대답하셨습니다.
그렇다. 너희는 성경에서 읽지 못하였느냐? '어린이와 젖먹이들의 입으로 찬양을 준비하셨다.'
17 예수님께서 그곳을 떠나 베다니라는 마을로 가셔서, 거기서 밤을 보내셨습니다.
18 아침이 되어, 예수님께서 예루살렘으로 돌아오실 때, 몹시 시장하셨습니다.
19 마침 길 옆에 있는 무화과나무 한 그루를 보시고, 나무 곁으로 다가가셨습니다. 그러나 그 나무에는 잎사귀만 있을 뿐 열매는 보이지 않았습니다. 예수님께서 그 나무를 향해 말씀하셨습니다. "다시는 네가 열매를 맺지 못할 것이다!" 그러자 즉시 나무가 말라 버렸습니다.
20 이것을 본 제자들이 놀라서 물었습니다.
어떻게 무화과나무가 그렇게 빨리 말라 버렸습니까?

❊ **베다니(21:17)** '사랑의 집'이란 뜻으로 예루살렘에서 약 2.5킬로미터 떨어져 있다.

21 예수님께서 제자들에게 대답하셨습니다.
내가 너희에게 진정으로 말한다. 너희가 만일 의심하지 않고 믿기만 한다면, 내가 이 나무에게 한 것을 너희도 할 수 있다. 그뿐 아니라 이 산더러 '산아, 들려서 바다에 떨어져라' 하고 말하면, 이것 역시 그대로 될 것이다.
22
너희가 믿고 기도로 구하는 것은 모두 받을 것이다.
23 예수님께서 성전에 오셔서 가르치실 때, 대제사장과 백성의 장로들이 와서 물었습니다.
당신은 무슨 권한으로 이런 일을 하는 것이오? 누가 당신에게 이런 권한을 주었소?
24 예수님께서 이들에게 대답하셨습니다.
나도 너희들에게 한 가지를 묻겠다. 만일 나에게 대답하면, 내가 무슨 권한으로 이런 일을 하는지 말해 주겠다.
25 요한의 세례가 하늘로부터 온 것이냐? 아니면 사람에게서 온 것이냐?" 제사장들과 장로들이 서로 의논을 하였습니다.
만일 우리가 '하늘로부터 왔다'고 하면, '그러면 어째서 너희는 요한을 믿지 않았느냐?'라고 말할 것이고,
26
그렇다고 '사람에게서 왔다'고 하자니, 백성들이 두렵구나. 왜냐하면 모든 백성들이 그를 예언자라고 믿고 있기 때문이다.
27 그래서 그들은 예수님께 대답했습니다. "우리는 알지 못하오." 그러자 예수님께서 말씀하셨습니다.
그러면 나도 너희에게 내가 어떤 권한으로 이런 일들을 하는지 말하지 않겠다!

❄ **대제사장(21:23)** 하나님과 사람 사이의 다리 역할을 하며 이스라엘의 죄를 대속하는 예배를 준비하고 진행하는 사람. 다른 제사장들보다 더욱 성결해야했다.

28 "너희는 어떻게 생각하느냐? 어떤 사람에게 두 아들이 있었다. 그가 첫째 아들에게 가서 말했다.
아들아, 오늘은 포도밭에 가서 일해라.
29 그 아들은 '싫습니다'라고 대답했다. 그러나 나중에 마음을 바꾸고 포도밭으로 갔다.
30 이번에는 둘째 아들에게 가서 아까와 똑같이 말했다. 둘째 아들은 대답했다. '예, 그렇게 하겠습니다.' 그러나 실제로는 가지 않았다.
31 두 아들 가운데서 누가 아버지의 뜻대로 행했느냐?" 그들이 대답했습니다. "첫째 아들입니다." 예수님께서 그들에게 말씀하셨습니다. "내가 너희에게 진정으로 말한다. 세리와 창녀들이 너희보다 먼저 하나님의 나라에 들어갈 것이다.
32 요한이 올바른 길로 너희에게 왔으나, 너희는 그를 믿지 않았다. 그러나 세리와 창녀들은 그를 믿었다. 너희는 이것을 보고도 여전히 회개하지 않고, 그를 믿지 않았다."
33 "다른 비유도 잘 들어 보아라. 어떤 밭 주인이 있었다. 그가 포도밭을 일구고, 담장을 두르고, 포도즙을 짤 구덩이를 파고, 망대를 세웠다. 그리고 포도밭을 농부들에게 빌려주고 여행을 떠났다.

❇ **두 아들(21:28~31)** 어떤 고대 사본에는 첫째 아들과 둘째 아들의 행동이 반대로 표기되어 있으며, 누가 아버지의 뜻대로 행한 아들인지 묻는 예수님의 질문에도 둘째 아들이라고 대답한다.

34 추수할 때가 다가오자, 주인은 농부들에게 종을
보내어 자기 몫의 수확을 받아오게 했다.

35 그러나 농부들은 그 종들을 잡아서, 하나는 때리고, 하
나는 죽이고, 또 하나는 돌로 쳐 죽였다.

36 그 주인은 처음보다 더 많은 종들을 그들에게 보냈
다. 그러나 농부들은 그 종들에게 똑같은 짓을 했다.

37 결국 주인은 자기 아들을 농부들에게 보냈다. 그는
'농부들이 내 아들은 존중할 것이다'라고 생각했다.

38 그러나 농부들은 아들을 보며 서로 말했다. '이 아들
은 상속자니, 이 사람을 죽이고 유산을 가로채자.'

39 농부들은 그 아들을 잡아, 포도밭 밖으로 끌고
가서 죽였다.

마태복음 TIP

과거 팔레스타인에는 외국인이나 부유한 유대인이 대농장을 농부들에게 임대하고 본인은 먼 곳으로 여행을 가거나 다른 관심사에 집중하는 일이 많았습니다. 또한 주인이 없는 재산(토지)은 일정 기간이 지나도 법적인 소유자가 나타나지 않을 경우, 그것을 점유하고 있는 사람이 차지할 수 있다는 법이 있었습니다. 예수님의 비유에 등장한 포도원의 농부들은 그러한 이유로 주인이 보낸 종들을 때리고 죽였으며, 주인의 유일한 상속자인 아들마저 죽여 포도원을 자신들의 소유로 삼으려 한 것입니다. 그들의 행동은 선지자의 선포를 듣지 않고 박해하였던 구약의 사건들과 예수님을 예루살렘 성 밖으로 끌고가 십자가에 못 박혀 돌아가시게 한 종교지도자들을 생각나게 합니다.

40 그렇다면 포도밭 주인이 왔을 때, 이 농부들을 어떻게 하겠느냐?"
41 그들이 예수님께 대답했습니다. "그 못된 농부들을 죽일 것입니다. 그리고 그 포도밭은 제때에 수확한 것을 바칠 수 있는 다른 농부들에게 빌려줄 것입니다."
42 예수님께서 그들에게 말씀하셨습니다.
성경에서 이 말씀을 읽지 못하였느냐? '건축자가 버린 돌이 모퉁이의 머릿돌이 되었다. 이것은 주님께서 하신 일이니, 우리 눈에 놀라운 일이다.'
43
그러므로 내가 너희에게 말한다. 하나님께서는 하나님의 나라를 너희에게서 빼앗아 열매를 맺는 민족에게 주실 것이다.
44 이 돌 위에 떨어진 사람은 깨어질 것이며, 또한 이 돌이 사람 위에 떨어지면, 그는 산산조각이 날 것이다."
45 대제사장들과 바리새파 사람들은 예수님의 이 비유를 듣고, 자신들을 두고 하시는 말씀이란 것을 알았습니다.
46 그들은 예수님을 체포하고 싶었지만 사람들이 두려웠습니다. 왜냐하면 사람들은 예수님을 예언자로 생각하고 있었기 때문입니다.

❋ **건축자가 버린 돌(21:42)** 종교 지도자들의 음모로 십자가에 달리신 예수님을 뜻한다. ❋ **모퉁이의 머릿돌(21:42)** 부활하셔서 교회의 머리가 되신 예수님을 상징한다.

마태복음 22장

1 예수님께서 사람들에게 다른 비유를 들어 말씀하셨습니다.
2 "하늘나라는 아들의 결혼 잔치를 마련한 왕에 빗댈 수 있다.
3 왕이 종들을 보내어 잔치에 초대한 사람들을 모셔 오게 하였다. 그러나 이들은 오려고 하지 않았다.
4 그러자 왕은 다시 다른 종들을 보내며 말했다. '초대받은 사람들에게 잔치가 준비되었다고 말해라. 소와 살진 송아지도 잡았고, 모든 것이 다 준비되었으니, 어서 결혼 잔치에 오라고 하여라.'
5 그러나 사람들은 종들의 말을 듣지 않고, 제 갈 길로 갔다. 어떤 사람은 밭에 나갔고, 어떤 사람은 장사하러 갔다.
6 나머지 사람들은 종들을 잡아다가, 그들을 모욕하고 죽였다.

마태복음 TIP

유대인은 혼인 잔치 때 보통 초대를 두 번합니다. 갑작스런 초대로 참석하지 못하는 일을 막기 위해, 혼인날이 잡히면 우선 그 날짜에 맞추어 초청하고, 잔치 당일에 다시 종들을 보내 초대한 사람들을 모셔오게 했습니다. 그럼에도 초대에 응하지 않는다는 것은 초대한 사람을 모욕하는 것과 마찬가지였습니다. 비유에 등장한 왕처럼 하나님도 오랜 시간동안 여러 번 선지자들을 보내 메시아가 올 것을 예언하셨으나 유대인들은 하나님의 메시지를 거절하였습니다. 또 예수님이 오실 때, 세례 요한을 통해 유대인들을 초청하셨습니다. 그러나 유대인들은 메시아이신 예수님의 천국 잔치를 거절했습니다.

7 왕은 매우 화가 났다. 그는 군사를 보내어 살인자들을 죽였다. 그리고 온 도시를 불태워 버렸다.
8 그리고 자기 종들에게 말했다. '결혼 잔치가 준비되었으나, 초대받은 사람들은 자격이 없다.
9 너희는 큰길에 가서, 너희가 만나는 사람마다 결혼 잔치에 초대하여라.'
10 종들은 거리에 나가, 만나는 사람들이 좋은 사람이건 나쁜 사람이건 가리지 않고 불러들였다. 그래서 결혼 잔치 마당은 잔치 손님들로 가득 찼다.
11 왕이 그들을 보러 들어왔다가 결혼 잔치 예복을 입지 않은 사람을 보았다.
12 그 사람에게 왕이 말했다. '친구여, 결혼 잔치 예복을 입지 않고 어떻게 여기에 들어왔는가?' 그 사람은 아무 말도 하지 못했다.
13 왕이 종들에게 말했다. '이 사람의 손과 발을 묶어서 바깥 어두운 곳에 던져버려라. 그곳에서 슬피 울고 고통스럽게 이를 갈 것이다.'
14
초대받은 사람은 많으나, 선택된 사람은 적다.

❊ **예복(22:11)** 당시에는 잔치에 초대한 사람이 예복을 미리 나누어 주었다. 이것을 입지 않은 것은 주인에 대한 모욕이었다.

15 그때, 바리새파 사람들이 가서, 예수님의 말씀을 트집잡아 예수님을 함정에 빠뜨리려고 공모했습니다.
16 그들은 자기들의 제자들을 헤롯 당원들과 함께 예수님께 보냈습니다. 이들이 말했습니다. "선생님, 우리는 선생님이 진실한 분이며, 하나님의 길을 올바르게 가르치시며, 사람의 얼굴을 보지 않으시므로 아무에게도 치우치지 않으신다고 생각합니다."
17
선생님이 생각하시는 것을 우리에게 말씀해 주십시오. 가이사에게 세금을 바치는 것이 옳습니까? 옳지 않습니까?
18 예수님께서는 이 사람들의 악한 생각을 아셨습니다. 그래서 말씀하셨습니다.
너희 위선자들아! 왜 나를 시험하느냐?
19 "세금으로 내는 돈을 내게 보여라." 사람들이 은돈 한 데나리온을 예수님께 보여 드렸습니다.
20 예수님께서 물으셨습니다. "이것은 누구의 얼굴이고, 누구라고 쓰여 있느냐?"
21 사람들이 대답했습니다. "가이사의 것입니다." 그러자 예수님께서 그들에게 말씀하셨습니다.
가이사의 것은 가이사에게 주어라. 그리고 하나님의 것은 하나님께 바쳐라.
22 사람들이 예수님의 말씀을 듣고 놀랐습니다. 그리고 예수님께로부터 떠나갔습니다.

❇ **헤롯 당원(22:16)** 로마 황제 헤롯의 유대 통치를 지지했던 사람들로, 유대인들의 미움을 받았다. ❇ **가이사(22:17)** 로마 황제 가문의 성으로, 여기서는 황제를 뜻하는 하나의 직함처럼 쓰였다.

23 같은 날, 부활이 없다고 말하는 사두개파 사람 몇 명이 예수님께 나아와 질문했습니다.
24
선생님, 모세는 '남자가 아들이 없이 죽으면, 그 동생이 형수와 결혼해서 형을 대신하여 아들을 낳아 주어야 한다'라고 했습니다.
25 "우리 가운데 일곱 형제가 있었습니다. 첫째가 결혼했지만 아들을 낳지 못하고 죽어, 아내를 자기 동생에게 남겨 놓았습니다.
2
3
4
5
6
7
1
26 그런데 둘째도, 셋째도, 그리고 일곱째까지 첫째와 똑같이 되었습니다."
2
1
4
3
5
6
7
27
결국엔 그 여자도 죽었습니다.
28
일곱 형제 모두가 이 여자를 아내로 맞아들였으니, 부활 때에 이 여자는 이 일곱 형제 중에 누구의 아내가 되겠습니까?
29 예수님께서 이들에게 대답하셨습니다.
너희는 성경도 알지 못하고, 하나님의 능력도 알지 못하므로, 잘못 생각하고 있다.
30 "부활할 때에는 누구도 장가가거나, 시집가지 않으며, 오직 사람들이 하늘에 있는 천사처럼 될 것이다."

❊ **사두개파(22:23)** 부활, 천사, 영혼을 믿지 않는 유대인들. 부유하고 사치스러운 생활을 했다. ❊ **모세(22:24)** 이스라엘 자손을 애굽의 노예에서 구출해 민족을 형성하게 하고, 가나안 땅에 들어갈 수 있도록 준비시킨 이스라엘의 민족 영웅.

31
죽은 자의 부활에 대해 말하자면, 하나님께서 이렇게 말씀하신 것을 읽어 보지 못했느냐?
32 "'나는 아브라함의 하나님, 이삭의 하나님, 야곱의 하나님이다.' 하나님은 살아 있는 사람들의 하나님이시지, 죽은 사람들의 하나님이 아니시다."
33 사람들이 이 말씀을 듣고, 예수님의 가르침에 놀랐습니다.
34 예수님께서 사두개파 사람들의 말문을 막으셨다는 소식을, 바리새파 사람들이 듣고 함께 모였습니다.
35 그 가운데 율법의 전문가 한 사람이 예수님을 시험하려고 질문을 하였습니다.
36
선생님, 율법에서 어느 것이 가장 중요합니까?

마태복음 TIP

종교지도자들은 예수님을 곤란하게 만들어 자신들의 지위를 확고히 하고자 하였습니다. 사두개인들은 '계대 혼인법'이라고 불리는 제도를 인용해 예수님을 시험하려 하였습니다. 이는 어떤 사람이 자식이 없이 죽으면 형제가 그 부인과 결혼하여 형제의 대를 잇게 하며 여성을 보호하는 취지로 세운 제도였습니다. 그들은 이 제도로 일곱 형제가 한 여성과 결혼한다는 매우 극단적인 경우를 설정하면서, 부활은 있을 수 없는 일이라고 예수님을 시험했습니다. 예수님은 부활 이후의 삶은 이 땅에서의 삶과 본질적으로 다르다고 설명하시며 지혜롭게 그들의 주장을 깨뜨리십니다.

37 예수님께서 그에게 대답하셨습니다.
'네 모든 마음과 모든 목숨과 모든 정성을 다해서, 네 하나님을 사랑하여라.'
38
이것이 가장 중요하고, 우선되는 계명이다.
39 "두 번째 계명은 '네 이웃을 네 자신처럼 사랑하여라'인데 이것도 첫째 계명과 똑같이 중요하다."
40
모든 율법과 예언자들의 말씀이 이 두 계명에서 나온 것이다.
41 바리새파 사람들이 함께 모여 있을 때, 예수님께서 그들에게 질문하셨습니다.
42 "너희는 그리스도에 대해서 어떻게 생각하느냐? 그가 누구의 자손이냐?" 바리새파 사람들이 대답했습니다.
다윗의 자손입니다.
43 그러자 예수님께서 그들에게 말씀하셨습니다. "그러면 다윗이 성령의 감동을 받아, 어찌 그리스도를 '주님'이라고 불렀겠느냐? 그는,
44 여호와께서 내 주님에게 말씀하셨습니다. 내가 네 원수를 네 발아래 굴복시킬 때까지, 너는 내 오른쪽에 앉아 있어라'하고 말하였다."

❊ **율법(22:36)** 당시 유대인들은 율법을 613가지 조항으로 구분하여 지켰다. 그러나 현실적으로 모두 다 지키기는 어려웠기에 우선적으로 중요한 248가지 조항이 있고, 나머지 365가지는 덜 중요한 조항으로 구분했다.

45
다윗이 이처럼 그리스도를 '주님'이라고 불렀는데,
어떻게 그리스도가 다윗의 자손이 되느냐?

46 아무도 예수님께 한마디도 대답하지 못했습니다.
그 이후로 아무도 예수님께 감히 질문을 하려고 하지
않았습니다.

❇ **그리스도(22:45)** '기름부음 받은 자'라는 뜻으로, 히브리어로는 '메시아'라고 한다. 이스라엘 백성을 구원할 자라는 의미.

마태복음 23장

1 그때, 예수님께서 무리들과 제자들에게 말씀하셨습니다.

2 "율법학자들과 바리새파 사람들은 모세의 자리에 앉았다.

3 그러므로 너희는 그들이 말하는 것을 다 행하고 지켜라. 그러나 그들의 행동을 따라하지는 마라. 그들은 말만 하고 행하지는 않는다.

4 그들은 무거운 짐을 묶어 다른 사람들의 어깨에 올리지만 정작 자신들은 그 짐을 지기 위해 손가락 하나 움직이려고 하지 않는다.

5 그들은 다른 사람들에게 보이려고 모든 일을 한다. 그래서 말씀 상자를 크게 만들고, 옷술을 길게 늘어뜨린다.

마태복음 TIP

말씀상자는 '경문'이라고도 하는데, 바리새인들이 신명기의 말씀을 따라 율법의 몇 구절을 양피지 조각에 적어 넣고 다니는 정육면체 모양의 작은 상자입니다. 그들은 이것을 이마나 왼팔 안쪽에 묶고 다녔습니다. 옷술은 민수기 말씀에 근거하여 옷자락에 매달고 다닌 흰색과 청색 실로 짜여진 장식을 말합니다. 바리새인들은 말씀상자를 맬 때 사용하는 끈을 더욱 넓고 두드러져 보이게 하였고, 옷술도 더 화려하고 크게 장식하여 자신들의 종교적 열심을 자랑하고 과시했습니다.

6 이들은 잔치에서 윗자리에 앉기를 좋아하고, 회당에서 높은 자리에 앉기를 좋아한다.
7 이들은 장터에서 인사받는 것을 좋아하고, 선생이라고 불리는 것을 좋아한다."
8
그러나 너희는 '선생'이라는 소리를 듣지 마라. 너희의 선생님은 오직 한 분이고, 너희 모두는 형제들이다.
9
그리고 세상에서 그 누구에게도 '아버지'라고 부르지 마라. 아버지는 오직 한 분인데, 하늘에 계시다.
10
너희는 '지도자' 소리를 듣지 마라. 너희의 지도자는 오직 한 분뿐인 그리스도시다.
11 "너희 가운데 큰 자는, 너희의 종이 될 것이다.
12 누구든지 자신을 높이는 사람은 낮아질 것이고, 낮추는 사람은 높아질 것이다.
13 율법학자와 바리새파 위선자들이여, 너희에게 화가 있다! 너희는 사람들 앞에서 하늘나라의 문을 막는다. 너희가 들어가지 않으면서, 다른 사람들도 들어가지 못하게 막는다.

❇ **선생(23:7)** '랍비'라는 말로 '나의 위대한 분'이라는 뜻이다. 존경을 담은 호칭이나, 율법사들은 인위적으로 자신을 높이며 랍비라는 호칭을 강요하기도 했다.

15 율법학자와 바리새파 위선자들이여, 너희에게 화가 있다! 너희는 개종자 하나를 만들려고 바다와 육지를 두루 다닌다. 그러다가 한 사람을 찾으면 너희보다 더한 지옥의 아들로 만든다.

16 앞 못 보는 인도자인 너희에게 화가 있다! 너희는 '만일 너희가 성전을 두고 맹세하면 아무래도 좋지만 성전에 있는 금을 두고 맹세하면 반드시 지켜야 한다'라는 말을 한다.

17 바보 같고 눈이 먼 너희들아! 어느 것이 더 중요하냐? 금이냐, 그 금을 거룩하게 만드는 성전이냐?

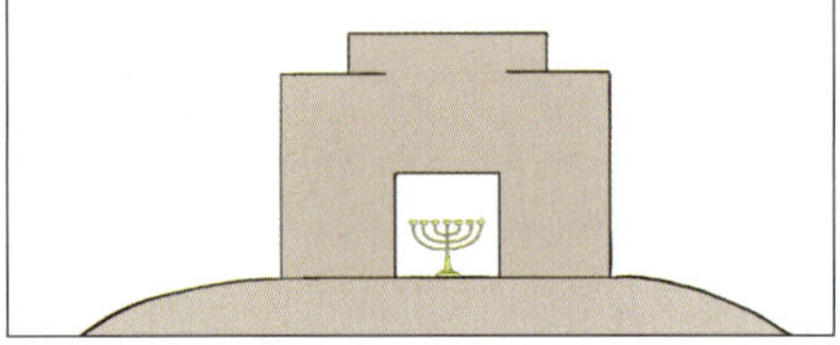

18 또한 너희는 이런 말도 한다. '만일 어떤 사람이 제단을 두고 맹세하면 아무래도 좋지만 제단 위에 있는 제물을 두고 맹세하면 반드시 지켜야 한다.'

19 너희 눈먼 사람들아! 어느 것이 더 중요하냐? 제물이냐, 제물을 거룩하게 하는 제단이냐?

20 제단을 두고 맹세하는 사람은 제단과 제단 위에 있는 모든 것을 두고 맹세하는 것이다.

21 성전을 두고 맹세하는 사람은 성전과 성전 안에 계신 분을 두고 맹세하는 것이다.

22 하늘을 두고 맹세하는 사람은 하나님의 보좌와 거기에 앉으신 분을 두고 맹세하는 것이다.

❊ **14절** 없음. 어떤 사본에는 다음과 같은 구절이 있다. '율법학자와 바리새파 위선자들이여, 너희에게 화가 있다. 너희는 과부의 집을 삼키고, 거짓으로 길게 기도한다. 그러므로 너희가 더 큰 심판을 받을 것이다.'

23 율법학자와 바리새파 위선자들이여, 너희에게 화가
있다! 너희는 박하와 회향과 뿌리채소의 십일조까지 드
리면서, 정의, 자비, 믿음과 같은 율법의 더 중요한 부분
은 무시한다. 십일조도 중요하지만, 더 중요한 일을 무
시해서는 안 된다.

24 눈이 먼 너희여, 너희는 모기는 걸러 내어도 낙타는
삼켜 버린다!

25 율법학자와 바리새파 위선자들이여, 너희에게 화
가 있다! 너희가 잔과 접시의 겉을 깨끗하게 하지만
그 안에는 탐욕과 방종이 가득 차 있다.

26 너희 눈먼 바리새파 사람들이여, 먼저 잔과 접
시의 안을 깨끗하게 하여라. 그래야 겉도 깨끗해질
것이다.

27 율법학자와 바리새파 위선자들이여, 너희에게 화가 있
다! 너희는 하얗게 칠한 무덤과 같다. 겉은 아름다워 보이
지만 그 안은 시체들의 뼈와 온갖 더러운 것으로 가득 차
있다.

마태복음 TIP

박하와 회향과 뿌리 채소는 음식의 양념으로, 십일조 규정에는 없으나 바리새인들은 엄격하게 규정을 지키기 위해 이것에 대한 십일조까지 하나님께 드렸습니다. 또한 그들은 부정한 곤충인 모기(하루살이)가 포도주에 들어가 실수로 먹게 되지 않도록 천으로 포도주를 걸러내며 마셨습니다. 그들은 이렇게 율법을 지키는 일과 정결함을 유지하는 일에는 열심을 냈습니다. 그러나 정작 하나님이 원하시는 정직, 긍휼, 사랑의 삶을 살지 않았습니다. 그렇기에 그들은 예수님의 책망을 들을 수 밖에 없었습니다.

28 너희가 겉으로는 사람들에게 의롭게 보이지만, 속에는 위선과 악이 가득하다.

29 율법학자와 바리새파 위선자들이여, 너희에게 화가 있다! 너희는 예언자들의 무덤을 만들고, 의인의 묘비를 꾸미면서

30 '만일 우리가 우리 조상들이 살았던 때에 살았더라면, 우리는 예언자의 피를 흘리는 데 함께하지 않았을 것이다' 라고 말한다.

31 그러나 너희는 예언자들을 죽인 살인자들의 자손이라는 것을 스스로 나타내고 있구나.

32 그러므로 너희는 너희 조상들의 악한 일을 마저 채워라.

33 뱀들아, 너희 독사의 자식들아! 지옥의 심판을 너희가 어떻게 피할 수 있느냐?

34 그러므로 내가 너희에게 예언자와 지혜 있는 사람과 율법학자들을 보낸다. 너희는 이 사람들 가운데서 몇 명은 죽이고, 십자가에 못박고, 몇 명은 회당에서 때릴 것이다. 그리고 이 마을에서 저 마을로 뒤쫓으며 박해할 것이다.

35 따라서 의인 아벨의 피로부터, 성전과 제단 사이에서 살해당한 바라갸의 아들 스가랴의 피에 이르기까지, 너희는 세상에서 피를 흘린 의인에 대한 죄값을 치를 것이다."

❇ **하얗게 칠한 무덤(23:27)** 죽은 사람이 묻혀있는 무덤은 유대인에게 부정한 것이다. 그 때문에 무덤 겉에 하얗게 회칠을 하여 사람들이 무의식중에라도 접촉하는 일이 없게 방지하였다.

36
내가 너희에게 진정으로 말한다.
이 모든 것들이 이 세대에 올 것이다.
37 "예루살렘아, 예언자들을 죽이고 하나님께서 네게 보
내신 사람들을 돌로 친 예루살렘아! 암탉이 병아리들을
날개 아래에 품듯이, 얼마나 내가 너희 자녀를 모으려고
했느냐! 그러나 너희들은 원하지 않았다.
38 보아라. 네 집이 버려져 못 쓰게 될 것이다."
39
내가 너희에게 말한다. '주님의 이름으로 오시는
분이 복되다!'라고 너희가 고백할 때까지
지금 이후로 너희는 나를 보지 못할 것이다.

❇ **아벨의 피 … 스가랴의 피까지(23:35)** '창세기에서 요한계시록까지'라는 표현과 비슷하다. 구약의 순교 역사 전체를 말하는 것이다.

마태복음 24장

1 예수님께서 성전을 떠나 걸어가실 때, 제자들이 와서 성전 건물을 가리켜 보였습니다.
2 예수님께서 말씀하셨습니다. "너희가 이 모든 것을 보고 있지 않느냐? 내가 너희에게 진정으로 말한다. 여기에 있는 돌 하나도 돌 위에 남지 않고 다 무너질 것이다."
3 예수님께서 올리브 산 위에 앉아 계실 때, 제자들이 조용히 와서 말했습니다. "이런 일들이 언제 일어날지 말해 주십시오. 선생님께서 다시 오시는 때와 세상의 마지막 때에 어떤 징조가 있겠습니까?"
4 예수님께서 대답하셨습니다.
아무도 너희를 속이지 못하게 조심하여라.
5 "많은 사람들이 내 이름으로 와서, '내가 바로 그리스도다'라고 말할 것이다. 그리고 많은 사람들을 속일 것이다."
6
또한 너희는 전쟁에 대한 소식과 소문을 들을 것이다. 그러나 두려워하지 마라. 이런 일들은 반드시 일어나야 한다. 그러나 아직 마지막 때는 아니다.
7 "민족이 다른 민족과 싸우기 위해 일어나고, 나라가 다른 나라와 싸우기 위해 일어날 것이다. 여러 곳에서 기근과 지진이 있을 것이다.

❋ **돌 하나도 돌 위에 남지 않고(24:2)** 완전한 파괴를 묘사한 말이다. ❋ **기근(24:7)** 흉년 등으로 인해서 먹을 양식이 극도로 부족한 상태.

8 이런 일들은 해산의 고통이 시작되는 것에 불과하다.
9 그때, 사람들이 너희를 박해하고, 심지어 죽이기까지 할 것이다. 나 때문에 너희가 모든 민족에게 미움을 받을 것이다.
10 그때에 많은 사람들이 넘어질 것이며, 서로를 넘겨주고, 미워할 것이다.
11 그리고 많은 거짓 예언자들이 일어나, 많은 사람들을 속일 것이다."
12
또한 불법이 더욱 많아져서 많은 사람들의 사랑이 식을 것이다.
13 "그러나 끝까지 견디는 사람은 구원을 얻을 것이다.
14 이 하늘나라의 복음이 온 세상에 전파될 것이며, 모든 나라에 증거될 것이다. 그때서야 세상의 끝이 올 것이다."
15 "그러므로 예언자 다니엘이 말한 '멸망케 하는 혐오할 만한 것'이 거룩한 곳에 서 있는 것을 보면 (읽는 사람은 깨달아라)

❇ **박해(24:9)** 못살게 굴고 괴롭히며 해를 끼치는 것. ❇ **멸망케하는 혐오할 만한 것(24:15)** 다니엘의 예언(단 11:31; 12:11)을 인용하시며, A.D. 66년의 예루살렘의 멸망과 세상의 종말을 동시에 언급하신다.

16 유대에 있는 사람들은 산으로 도망하여라.
17 지붕 위에 있는 사람은 집 안에 있는 것을 가지러 내려가지 마라.
18 밭에 있는 사람은 겉옷을 가지러 되돌아가지 마라.
19 그때에는 임신한 여자와 젖먹이는 여자에게 화가 있을 것이다!
20 너희가 도망하는 때가 겨울이나 안식일이 아니기를 기도하여라."
21
그때에는 많은 어려움이 있을 것이기 때문이다. 세상이 생기고 나서 지금까지 이 같은 환난은 일어난 적이 없었고, 이후로도 없을 것이다.
22 "하나님께서 그 기간을 줄여 주시지 않으시면, 아무도 구원받지 못할 것이다. 그러나 하나님께서는 선택한 사람들을 위하여 그 기간을 줄여 주실 것이다.
23 그때에 사람들이 '여보시오, 그리스도가 여기 계십니다!' 또는 '저기 계십니다!'라고 할 것이다. 그러나 믿지 마라.
24 거짓 그리스도들과 거짓 예언자들이 일어나서 큰 증거를 내보일 것이고, 기적을 일으킬 것이다. 그래서 사람들을 속일 것이다. 그리고 할 수만 있으면 선택하신 사람까지 속일 것이다."

❇ **겨울, 안식일(24:20)** 유대의 겨울은 춥고 우기이기 때문에 도망하기에 어려운 시기다. 또 유대인들은 안식일에 긴 여행을 금하는 율법을 지키고 있기에 환난의 날이 안식일이 아니기를 기도하라는 뜻이다.

25
보아라. 내가 미리 너희에게 일러주었다.
26
그러므로 사람들이 '여보시오, 그가 광야에 계십니다'라고 말해도 거기에 가지 마라. '여보시오, 그리스도가 골방에 계십니다'라고 말해도 믿지 마라.
27
번개가 동쪽에서 서쪽까지 번쩍이듯이 인자가 오는 것도 이와 같을 것이다.
28
시체가 있는 곳에는 독수리가 모여들 것이다.
29 "그 환난의 날이 지난 직후에 '태양이 어두워지고, 달이 그 빛을 잃을 것이다. 별들이 하늘에서 떨어지고, 하늘에 있는 모든 권세가 흔들릴 것이다.'
30 그때에 인자가 올 징조가 하늘에 있을 것이다. 그때에 세상의 모든 민족들이 울며, 인자가 큰 권능과 영광으로 하늘 구름을 타고 오는 것을 볼 것이다.

마태복음 TIP

광야는 참된 선지자들이 세속에 물드는 것을 포기하고 참된 하나님의 소식을 전하던 장소였습니다. 그 때문에 사람들은 광야의 선지자에게 깊은 인상을 받고 모여들었습니다. 광야가 공개적인 의미라면, 골방은 비밀스럽게 사람들을 초대하는 곳입니다. 일종의 비밀집회처럼 특별한 신비감을 주는 모임을 뜻합니다. 예수님은 심판의 때가 오면 거짓 선지자들이 자신의 메시지가 참된 것이라 믿게 하기 위해 온갖 경건의 모양을 연출하여 사람들을 꾀어내려 할 것임을 말씀하고 계십니다. 그러나 번개가 치면 아주 넓은 지역에서 그 섬광과 소리를 인식할 수 있듯이 예수님은 소수의 사람들만이 아닌 땅의 모든 사람이 동시에 알도록 오실 것입니다.

31 인자가 큰 나팔 소리와 함께 천사들을 보낼 것이다. 그들은 하늘 이 끝에서 저 끝까지 사방에서 택함받은 백성들을 모을 것이다."
32 "무화과나무의 비유를 배우라. 그 가지가 연해지고, 새 잎을 내면 여름이 가까운 줄 안다.
33 마찬가지로 이 모든 것이 일어나는 것을 보면, 인자가 가까이 와 문 앞에 있는 줄을 알아라."
34
내가 너희에게 진정으로 말한다. 이 세대가 지나가기 전에 이 모든 것이 일어날 것이다!
35
하늘과 땅이 없어질지라도, 내 말은 결코 없어지지 않을 것이다!
36
그날과 그때는 아무도 모른다. 심지어 하늘의 천사와 아들까지도 모르고, 오직 아버지께서만 아신다.
37 "노아의 때처럼 인자가 다시 올 때도 그와 비슷할 것이다.
38 홍수가 나기 전, 노아가 배에 들어가기 전까지도 사람들은 먹고 마시며, 장가가고 시집가며 지냈다.

❄ **이 세대(24:34)** 좁은 의미로는 예수님이 사시던 시대를 말하며, 넓은 의미로는 현존하는 세상의 전체 기간을 말한다.

❄ **노아의 때(24:37)** 노아 시대의 사람들은 심판에 대한 하나님의 경고를 무시한 채 불경건과 쾌락에 빠져 있었다.

39 홍수가 나서 모든 사람들을 쓸어가기 직전까지, 사
람들은 전혀 깨닫지 못하였다. 인자가 올 때도 그와 같
을 것이다.
40 두 사람이 밭에 있는데 한 사람은 데려가고 다른
사람은 남겨둘 것이다.
41 두 여자가 맷돌을 갈고 있는데 한 사람은 데려가
고, 다른 사람은 남겨둘 것이다.
42 그러므로 항상 깨어 있어라. 왜냐하면 언제 너희 주
님께서 오실지 너희가 알지 못하기 때문이다.
43 이것을 명심하여라. 만약 도둑이 언제 들어올지 집주인이 안다면 미리 준비를 하고, 도둑이 집에 들지 못하도
록 할 것이다.
44 그러므로 너희도 준비를 해야 한다. 인자는 생각지도
않은 때에 올 것이다."
45 "주인이 집안을 맡기고, 제때에 양식을 내주도록
맡긴, 신실하고 슬기로운 종이 누구겠느냐?

❊ **두 사람(24:40)** 40절과 41절에 등장하는 '두 사람'은 같은 일을 하고 있다는 것이 특징이다. 모든 조건은 같은데, 심판 날 두 사람의 운명은 갈리게 된다. 그 기준은 영적인 차이에 있다.

46 주인이 돌아와서 볼 때, 주인이 명한 대로 일하고 있는 종은 복되다.

47 내가 너희에게 진정으로 말한다. 주인은 그 종에게 자신의 모든 소유를 맡길 것이다.

48 그러나 악한 종이, 주인이 오랫동안 돌아오지 않을 것이라고 마음속으로 생각하여,

49 다른 종들을 때리기 시작하고 술꾼들과 함께 먹고 마신다면,

50 생각지도 않은 날, 알지 못하는 때에 그 종의 주인이 올 것이다.

51 그때에 주인은 그 종에게 벌을 내리고 그 종을 위선자처럼 여길 것이다. 그 종은 거기서 슬피 울고, 고통스럽게 이를 갈 것이다."

❖ **슬피 울고, 이를 갈다(24:51)** 회개할 기회가 없어 절망하고, 낙심하는 것이다.

마태복음 25장

1 "하늘나라는 등을 들고 신랑을 맞으러 나간, 열 명의 처녀에 빗댈 수 있다.
2 그 가운데 다섯 명의 처녀는 어리석고, 다섯 명의 처녀는 지혜로웠다.
3 어리석은 처녀들은 등을 가지고 있었지만 기름이 없었다.
4 지혜로운 처녀들은 등뿐만 아니라 통에 기름까지 넣어 가지고 있었다.
5 신랑이 오는 것이 매우 늦어져서, 처녀들이 모두 졸다가 잠이 들었다.
6 한밤중에 어떤 사람이 소리쳤다. '여보시오. 신랑이 옵니다! 나와서 맞이하십시오!'
7 그러자 모든 처녀들이 깨어나 등불을 준비하였다.

❇ **등을 들고 신랑을 맞으러(25:1)** 유대인의 결혼식은 저녁 때 시작되었다. 신랑이 신부의 집으로 신부를 데리러 오면, 신부의 친구들이 등을 들고 신랑을 맞이하여 신랑의 집으로 가는 길을 비추었다.

8 어리석은 처녀들이 지혜로운 처녀들에게 말했다.
등불이 꺼져 가니, 우리에게 기름을 조금만 나누어 다오.
9 지혜로운 처녀들이 대답했다. '안 돼! 우리가 함께 쓰기엔 기름이 충분치 않아. 기름 파는 사람에게 가서 사렴.'
10 어리석은 다섯 처녀가 기름을 사러 간 사이에 신랑이 왔다. 준비된 처녀들은 신랑과 함께 결혼 잔치에 들어가고, 문은 닫혀 잠겼다.
11 나중에 나머지 처녀들이 와서 '주님, 주님, 문 좀 열어 주세요'라고 간청했다.
12 그러나 신랑이 대답했다.
내가 너희에게 진정으로 말한다. 나는 너희를 알지 못한다.
13 그러므로 항상 깨어 있어라. 그 까닭은 너희가 그날과 그 때를 알지 못하기 때문이다."
14 "하늘나라는 여행을 떠날 때, 종들을 불러서 자기 재산을 맡긴 사람과 같다.
15 주인은 종들의 능력에 따라, 어떤 사람은 다섯 달란트를, 어떤 사람에게는 두 달란트를, 또 어떤 사람에게는 한 달란트를 맡기고 여행을 떠났다.

❇ **문은 닫혀 잠겼다(25:10)** 유대인의 결혼 예식은 신랑이 신부를 데리고 들어가 결혼 예식이 시작되면 모든 하객이 다 참석한 것으로 여기고 문을 걸어 잠갔다.

16 다섯 달란트를 받은 종은 얼른 가서, 그것으로 장사를 하였다. 그래서 다섯 달란트를 더 벌었다.
17 마찬가지로 두 달란트를 받은 종도 두 달란트를 더 벌었다.
18 그러나 한 달란트를 받은 종은 나가서 땅을 파고 그곳에 주인의 은돈을 숨겼다.
19 세월이 오래 지난 뒤에, 종들의 주인이 집에 돌아와서 종들과 셈을 하였다.
20 다섯 달란트를 받았던 종이 다섯 달란트를 더 가지고 와서 말했다. '주인님, 제게 다섯 달란트를 맡기셨는데, 보십시오. 다섯 달란트를 더 벌었습니다.'
21 주인이 대답했다.
참 잘했구나. 너는 착하고 신실한 종이다. 네가 작은 것에 최선을 다했으니 내가 훨씬 더 많은 것을 너에게 맡기겠다. 주인과 함께 기쁨을 누려라.
22 두 달란트를 받았던 종도 와서 말했다.
주인님, 제게 두 달란트를 맡겨 주셨는데, 보십시오. 두 달란트를 더 벌었습니다.
23 주인이 그에게 대답했다. '참 잘했구나. 너는 착하고 신실한 종이다. 네가 작은 것에 최선을 다했으니, 내가 훨씬 더 많은 것을 너에게 맡기겠다. 주인과 함께 기쁨을 누려라.'

❇ **착하고 신실한 종(25:21)** 다섯 달란트를 남긴 종과, 두 달란트를 남긴 종에게 동일하게 말씀하시는 칭찬이다. 결과의 양이 아닌 충성과 헌신의 마음을 보며 두 종을 똑같이 대우하는 주인의 마음이 담겨있다.

24 그리고 한 달란트를 받았던 종이 주인에게 와서 말했다.
주인님, 저는 주인님이 심지 않은 데서 거두고, 씨 뿌리지 않은 데서 거두는 완고한 분이라 생각했습니다.
25
그래서 두려운 마음으로 밖에 나가 돈을 땅에 숨겼습니다. 이제 주인님이 제게 주신 돈을 도로 받으십시오.
26 주인이 대답했다.
이 악하고 게으른 종아! 너는 내가 심지도 않은 데서 거두어들이고, 씨 뿌리지 않은 곳에서 거두어들인다고 생각했느냐?
27
그렇다면 너는 내 돈을 은행에 넣어 두었어야 했다. 그러면 내가 다시 돌아왔을 때 이자와 함께 내 돈을 돌려받았을 것이다.
28 '저 종에게서 돈을 빼앗아 열 달란트 가진 종에게 주어라.'
29 가진 사람은 더 많이 받아 풍성하게 될 것이고, 없는 사람은 있는 것마저 빼앗길 것이다.

마태복음 TIP

주인은 다섯 달란트를 받아 다섯 달란트를 남긴 종과, 두 달란트를 받아 두 달란트를 남긴 종에게 맡긴 일의 양이나 결과의 성패를 놓고 판단하며 칭찬하지 않았습니다. 동일하게 '작은 일에 최선을 다했음'을 칭찬하며, '더 많은 것을 맡겨'주고 자신의 '기쁨에 동참'할 수 있게 해주었습니다. 이와 같은 원리에서 한 달란트를 받았던 종이 책망을 들은 이유는 그가 큰 이익을 남기지 못했다거나 게을러서가 아닙니다. 그가 주인의 성품을 왜곡하여 알고 있으며, 그것을 자기 게으름과 불충성의 핑계로 말했기 때문입니다.

30 '저 쓸모없는 종을 바깥 어두운 곳에 던져라. 거기
서 슬피 울고, 고통스럽게 이를 갈 것이다.' "

31 "인자가 모든 천사들과 함께 영광 가운데 다시 와서,
영광의 보좌에 앉을 것이다.

32 그때에 세상 모든 나라가 그 앞에 모일 것이며, 목자가
양과 염소를 구분하듯이, 인자가 사람들을 나눌 것이다.

33 인자는 자신의 오른쪽에는 양을, 왼쪽에는 염소
를 둘 것이다.

34 그때 왕이 오른쪽에 있는 사람들에게 말할 것이다.

내 아버지로부터 복을 받은 너희들이여,
와서 세상이 만들어질 때부터 하나님께서
너희를 위해 준비하신 나라를 물려받아라.

35 '내가 배가 고플 때, 너희는 내게 먹을 것을 주었
다. 내가 목마를 때, 너희는 마실 것을 주었다. 내
가 나그네로 있을 때, 너희는 나를 초대해 주었다.

36 내가 헐벗었을 때, 너희는 내게 옷을 입혀 주었다. 내가
아플 때, 너희는 나를 돌보아 주었다. 내가 감옥에 있을
때, 너희는 나를 찾아 주었다.'

❇ **양과 염소를 구분하듯이(25:32)** 당시 목자들은 양과 염소를 함께 풀어두었다가 밤에 구분해 우리에 넣었다.

❇ **오른쪽, 왼쪽(25:33)** 성경에서 오른쪽은 보통 선하고 의로운 쪽, 왼쪽은 어리석은 쪽을 말한다.

37 그때, 의로운 사람들이 그에게 대답할 것이다. '주님, 언제 주님께서 배고프신 것을 보고, 우리가 음식을 주었습니까? 언제 목마른 것을 보고, 마실 것을 주었습니까?
38 언제 나그네된 것을 보고, 우리가 초대하였습니까? 언제 헐벗으신 것을 보고, 우리가 옷을 입혀 주었습니까?'
39
언제 감옥에 있는 것을 보고, 또 아프신 것을 보고, 우리가 찾아갔습니까?
40 그때, 왕이 대답할 것이다. '내가 너희에게 진정으로 말한다. 보잘것없는 사람에게 한 일, 곧 너희가 이 형제들 중 가장 보잘것없는 사람에게 한 일이 곧 나에게 한 것이다.'
41 그리고 나서 왼쪽에 있는 사람들에게 이렇게 말할 것이다. '저주받은 자들아, 내게서 떠나 악마와 그 부하들을 위해 준비한 영원한 불에 들어가거라.
42 내가 배가 고플 때, 너희는 내게 아무것도 주지 않았다. 내가 목마를 때, 너희는 마실 것도 주지 않았다.
43 내가 나그네 되었을 때, 너희는 나를 초대하지 않았다. 내가 헐벗었을 때, 너희는 내게 아무것도 입혀 주지 않았다. 내가 아플 때나 감옥에 있을 때, 너희는 나를 돌보지 않았다.'

❋ **언제 주님께서 … 주었습니까?(25:37)** 의인들은 자신이 언제 그런 일을 하였느냐고 되묻는다. 이런 태도는 그들의 헌신과 선행이 진실한 마음으로 이루어진 것임을 보여준다.

44 그때, 그 사람들이 대답할 것이다.
주님, 언제 주님이 배고프거나, 목마르거나, 나그네 되었거나, 헐벗었거나, 아프거나, 감옥에 있는 것을 보고 우리가 돌보지 않았습니까?
45 그때, 왕이 대답할 것이다. '내가 너희에게 진정으로 말한다. 이 사람들 가운데 가장 작은 자 한 사람에게 하지 않은 것이 곧 나에게 하지 않은 것이다.'
46 이 사람들은 영원히 형벌을 받게 될 것이다. 그러나 의로운 사람들은 영원한 생명에 들어갈 것이다."

❊ **헐벗다(25:44)** 가난하여 옷이 헐어 벗다시피 하다. ❊ **가장 작은 자 … 하지 않은 것이다(25:45)** 복 받는 자들이나 저주 받는 자들에게 예수님이 말씀하시는 심판의 기준은 가장 작은 자에게 베풀었느냐이다.

마태복음 26장

1 예수님께서 이 모든 말씀을 마치셨을 때입니다. 예수님께서 제자들에게 말씀하셨습니다.
2
너희도 알다시피 이틀 뒤가 유월절이다. 그때에 인자는 넘겨져 십자가에서 죽을 것이다.
3 그때, 대제사장과 장로들이 가야바라고 하는 대제사장 공관에 모였습니다.
4 그들은 조용히 예수님을 잡아 죽일 계획을 세웠습니다.
5 그러나 그들은 "명절 기간에는 안 돼. 사람들 사이에 폭동이 일어날 수 있으니까"라고 말했습니다.
6 예수님께서 베다니에서 문둥병에 걸렸던 시몬의 집에 계셨을 때입니다.
7 한 여자가 비싼 향유 한 병을 가지고 와 식사하고 계시는 예수님의 머리에 이 향유를 부었습니다.

❄ **유월절(26:2)** 유대인들이 애굽에서 해방된 날을 기념하는 절기다. ❄ **가야바(26:3)** 전직 대제사장 안나스의 사위로 A.D. 18-36년의 대제사장이었다. 안나스는 자리에서 물러난 뒤에도 큰 영향력을 행사하던 사람이었다.

8 이 광경을 본 제자들이 화를 냈습니다.
왜 이 값비싼 향유를 낭비하는 것이오?
9
그것을 비싼 값에 팔아서 가난한 사람들에게 줄 수도 있었을 텐데.
10 예수님께서 이것을 아시고 말씀하셨습니다.
왜 이 여자를 괴롭히느냐? 그는 나에게 좋은 일을 하였다.
11
가난한 사람들은 항상 너희 가운데 있을 것이다. 그러나 나는 너희와 항상 함께 있지 않을 것이다.
12
이 여자는 내 몸에 향유를 부어 내 장례를 준비한 것이다.
13
내가 신성으로 너희에게 말한다. 온 세상에 복음이 전해지는 곳마다, 이 여자가 한 일도 전해져 그를 기억할 것이다.

마태복음 TIP

당시에는 식사 전에 손님을 존경하는 의미로 물과 기름을 주거나 손님의 발을 씻긴 후 기름을 발라주곤 하였습니다. 그러나 이 여인(나사로의 누이 마리아)은 이례적으로 식사하고 계시는 예수님의 머리에 향유 한 병을 부어 몸과 발까지 향유가 흐르도록 했습니다. 당시 비싼 향유 한 병은 그 가치가 300데나리온(노동자의 일 년치 임금)에 달하는 귀한 것이었습니다. 마리아는 늘 예수님의 말씀을 귀담아 들었기에 예수님께서 자신의 죽음을 말씀하신 것을 이해하고 있었습니다. 장례에 사용하는 향유를 예수님께 부어 그분의 장례를 준비함으로 마리아는 자신이 할 수 있는 가장 아름다운 헌신을 한 것입니다.

14 그때, 열두 제자 가운데 한 명인 가룟 출신의 유다가 대제사장들에게 갔습니다.
15 가룟 유다가 말했습니다. "내가 예수를 당신들에게 넘기면, 나에게 얼마를 주겠소?" 제사장들은 유다에게 은 삼십 개를 주었습니다.
16 그 후로부터 유다는 예수님을 넘길 기회를 노렸습니다.
17 무교절의 첫 번째 날에, 제자들이 예수님께 와서 말했습니다.
유월절 음식을 어디에다 준비할까요?
18 예수님께서 대답하셨습니다.
성안에 들어가 한 사람에게 이렇게 말하여라. '선생님께서 때가 가까웠으니, 당신 집에서 제자들과 함께 유월절을 보내겠다고 말씀하십니다.'
19 제자들이 예수님께서 말씀하신 대로 행하여 유월절을 준비하였습니다.
20 그날 저녁에 예수님께서 열두 명의 제자들과 함께 음식을 드시기 위해 앉으셨습니다.
21 모두들 식사를 하고 있을 때, 예수님께서 말씀하셨습니다.
내가 너희에게 진정으로 말한다. 너희 중에 하나가 나를 배반할 것이다.

❋ **은 삼십(26:15)** 당시 노예 한 명의 값으로 120데나리온에 해당한다. 노동자의 약 4개월 치 품삯이다. ❋ **무교절(26:17)** 유월절 다음날부터 일주일을 말한다. 이때 유대인들은 누룩을 넣지 않은 떡을 먹었다.

22 제자들은 매우 슬퍼하며, 한 사람씩 예수님께 묻기 시작했습니다.
주님, 제가 그 사람은 아니지요?
23 예수님께서 대답하셨습니다.
나와 함께 그릇에 손을 넣는 자가 나를 배반할 것이다.
24 성경에 쓰여진 대로 인자는 떠나갈 것이다. 그러나 인자를 넘겨주는 그 사람에게는 화가 있다. 차라리 태어나지 않았더라면, 자신에게 더 좋았을 것이다.
25 예수님을 배반한 유다가 예수님께 말했습니다. “선생님이여, 설마 제가 그 사람입니까?” 예수님께서 그에게 “네가 말했다” 하고 대답하셨습니다.
26 식사 때에 예수님께서는 빵을 들어 감사 기도를 드리시고, 그것을 떼어 제자들에게 주시며 말씀하셨습니다. “받아먹어라. 이것은 내 몸이다.”
27 또한 예수님께서 잔을 들어 감사드리신 후, 그것을 제자들에게 주시며 말씀하셨습니다. “너희 모두, 이것을 마셔라.”

마태복음 TIP

예수님은 유월절 식사 때 먹는 빵을 자신의 몸이라고 하셨습니다. 애굽의 종이던 이스라엘을 구원하신 날을 기념하는 날이 유월절이듯, 죄와 사탄의 종이던 우리를 구원하시는 분이 예수님이심을 비유하셨습니다. 또한 구약에서는 짐승의 피를 제단에 뿌리며 하나님과 사람 사이에 언약을 맺었습니다. 예수님은 이제 하나님과 사람 사이에 단번에 드려진 제물이 되어, 영원한 새 언약을 맺는 피가 될 것임을 말씀해주셨습니다.

28
이것은 죄를 용서하기 위하여 많은 사람들을 위해 붓는 나의 피, 곧 언약의 피이다.
29
내가 너희에게 말한다. 내가 아버지의 나라에서 너희와 함께 새롭게 마시는 그날까지, 지금부터는 포도 열매로 빚은 것을 마시지 않을 것이다.
30 그들은 찬송을 부르고 올리브 산으로 올라갔습니다.
31 예수님께서 제자들에게 말씀하셨습니다.
오늘 밤, 너희는 모두 나를 버릴 것이다. 성경에 이렇게 쓰여 있다. '내가 목자를 칠 것이니, 양이 흩어질 것이다.'
32
그러나 내가 살아난 뒤에, 너희보다 먼저 갈릴리로 갈 것이다.
33 베드로가 말했습니다.
다른 모든 제자들이 주님을 버릴지라도 저는 결코 버리지 않겠습니다.
34 예수님께서 대답하셨습니다.
내가 진정으로 너에게 말한다. 바로 오늘 밤 닭이 울기 전에, 네가 나를 세 번이나 모른다고 할 것이다.
35 베드로가 예수님께 말했습니다. "주님과 함께 죽을지라도 결코 주님을 모른다고 하지 않을 것입니다!" 다른 제자들도 모두 똑같이 말했습니다.

❇ **찬송을 부르고(26:30)** 유월절 모임은 시편 115-118편을 부르며 마쳤다. ❇ **세 번(26:34)** '세 번'은 완전수를 가리키며, 베드로의 부인이 실수가 아니라 핑계를 댈 수 없는 완전한 부정이 될 것을 말씀하신 것이다.

36 그때, 예수님께서 제자들과 함께 겟세마네라고 불리는 곳으로 가셨습니다. 예수님께서 제자들에게 말씀하셨습니다.
내가 저기에 가서 기도하는 동안, 여기 앉아 있어라.
37 그리곤 베드로와 세베대의 두 아들을 데리고 가셨습니다. 예수님께서는 매우 근심하시며, 괴로워하기 시작하셨습니다.
38 예수님께서는 세 제자에게 말씀하셨습니다.
내 마음이 괴로워 죽을 지경이다. 여기서 머무르며 나와 함께 깨어 있어라.
39 그리고 나서 약간 떨어진 곳으로 가서 얼굴을 땅에 대고 기도하셨습니다.
나의 아버지, 할 수만 있다면 제게서 이 잔을 지나가게 해 주십시오. 그러나 내 뜻대로 하지 마시고, 아버지의 뜻대로 하시길 원합니다.
40 기도하신 후 제자들에게 오셔서, 제자들이 자고 있는 것을 보시고 베드로에게 말씀하셨습니다.
너희들은 한 시간도 나와 함께 깨어 있을 수 없느냐?
41
깨어서 너희가 시험에 빠지지 않도록 기도하여라. 영은 원하지만 육체가 약하구나.
42 예수님께서 다시 가셔서 두 번째 기도를 하셨습니다.
나의 아버지여, 이것이 제게서 지나갈 수 없고, 제가 마셔야만 한다면, 아버지의 뜻대로 되기를 기도합니다.

❇ **겟세마네(26:36)** '기름 짜는 틀'이라는 뜻으로, 예루살렘 성전 맞은 편 올리브 산에 위치했다. ❇ **잔(26:39)** 주님이 지셔야하는 고난과 십자가.

43 그리고 나서 다시 제자들에게 가셔서 제자들이 자고 있는 것을 보셨습니다. 그들은 너무 졸렸던 것입니다.
44 그래서 예수님께서는 제자들을 놔 두고 다시 세 번째로 기도하셨습니다. 예수님께서는 같은 기도를 한 번 더 하셨습니다.
45 그다음에 예수님께서 제자들에게 돌아오셔서 말씀하셨습니다.
아직도 자고 있고, 쉬고 있느냐? 보아라, 때가 가까이 왔다. 인자가 죄인들의 손에 넘겨진다.
46
일어나라, 가자. 나를 배반한 사람이 가까이 오고 있다.
47 예수님께서 말씀하시는 동안, 열두 제자 가운데 하나인 유다가 왔습니다. 대제사장과 백성들의 장로들이 보낸 많은 사람들이 칼과 몽둥이를 들고 유다와 함께 왔습니다.

❈ **입 맞추는(26:48)** 입맞춤은 매우 친근한 사이에서 행하는 유대인들의 인사법이었다. 유다는 친근한 사이의 인사를 예수님을 팔아넘기는 신호로 사용했다.

48 예수님을 배반한 유다가 이들에게 "내가 입 맞추는 사람이 바로 그 사람입니다. 그를 잡으시오"라며 신호를 정해 주었습니다.
49 곧바로 유다는 예수님께 가서 말했습니다. "선생님, 안녕하십니까!" 그러면서 입을 맞추었습니다.
50 예수님께서 "친구여, 무엇하러 여기에 왔느냐?" 하고 묻자 사람들이 와서 예수님을 붙잡았습니다.
51 그러자 예수님과 함께 있던 제자 중 한 사람이 칼을 뽑았습니다. 그리고 대제사장의 종에게 칼을 휘둘러 그 종의 귀를 잘랐습니다.
52 예수님께서 그에게 말씀하셨습니다.
칼을 도로 제자리에 꽂아라. 칼을 쓰는 사람은 칼로 죽을 것이다.
53
너는 내가 내 아버지께 말씀드리면 즉시 열두 군단도 넘는 천사들을 보내 주실 것을 생각하지 못하느냐?
54
그러나 만일 그렇게 하면, 이 일이 반드시 일어난다고 한 성경 말씀이 어떻게 이루어지겠느냐?
55 그리고 나서 예수님께서 사람들에게 말씀하셨습니다.
너희는 마치 강도를 잡을 것처럼 칼과 몽둥이를 가지고 왔구나! 내가 성전에 앉아 매일 가르쳤지만, 너희는 나를 잡지 않았다.

❇ **제자, 대제사장의 종(26:51)** 요한복음에는 칼을 휘두른 제자는 베드로, 귀가 잘린 종의 이름은 말고로 나온다. ❇ **열두 군단도 넘는 천사(26:53)** 예수님이 능력이 없어 붙잡히신 것이 아님을 보여준다. 보통 로마의 한 군단은 최대 6,000명이다.

56 이 모든 것은 예언자의 글을 이루기 위해 일어난 것이다." 그때, 모든 제자들이 예수님을 버리고 도망갔습니다.

57 예수님을 잡은 사람들이 예수님을 대제사장 가야바에게로 끌고 갔습니다. 거기에는 율법학자들과 장로들이 모여 있었습니다.

58 베드로가 예수님과 멀찍이 떨어져 따라가 대제사장의 공관 마당에 들어갔습니다. 그리고 결과를 보려고 경비원들 틈에 끼어 함께 앉았습니다.

59 대제사장들과 전체 의원들이 예수님을 죽이기 위해, 예수님을 고소할 거짓 증거를 찾으려고 하였습니다.

60 많은 거짓 증인들이 나왔으나, 아무 증거도 얻지 못하던 중, 마침내 두 사람이 나왔습니다.

61 이들은 "이 사람이 '나는 하나님의 성전을 헐고, 그것을 삼일 만에 다시 세울 수 있다'라고 말했습니다"라고 증언했습니다.

62 대제사장이 일어서서 예수님께 물었습니다.
당신은 아무 대답도 하지 않겠소? 이 사람들이 당신에게 불리한 증언을 하는 것에 대한 당신의 답변은 무엇이오?

63 그러나 예수님께서는 아무것도 말씀하시지 않았습니다. 다시 대제사장이 예수님께 물었습니다.
내가 살아계신 하나님께 맹세하고 당신에게 명령하니 우리에게 말하시오. 당신이 하나님의 아들 그리스도요?

❇ **성전(26:61)** 예수님은 자신의 몸을 성전에 비유하셨다. ❇ **인자가…오는 것을 볼 것이다(26:64)** 예수님께서 부활 후에 하나님 우편에 앉아 계시다가 심판주로 재림하실 것을 말씀하신 것이다.

64 예수님께서 대답하셨습니다.
네가 말했다. 그러나 내가 너희에게 말한다. 이제 이후로, 인자가 전능하신 자의 오른쪽에 앉아 있는 것과 하늘 구름을 타고 오는 것을 볼 것이다.
65 그러자 대제사장이 자기 옷을 찢으며 말했습니다.
이 사람이 하나님을 모독했다! 더 이상 증인이 필요없다. 여러분 모두가 이 사람이 하나님을 모독하는 것을 들었다.
66 "어떻게 생각하는가?" 사람들이 대답했습니다.
죽어 마땅합니다.
67 그리고 사람들은 예수님의 얼굴에 침을 뱉고, 주먹으로 치고, 손바닥으로 때리며
68 "그리스도야! 누가 너를 때렸는지 맞혀 보아라!" 하고 말했습니다.
69 베드로가 대제사장 공관 마당의 바깥쪽에 앉아 있었습니다. 그때, 어떤 여자 하인이 와서 말했습니다.
당신도 갈릴리 사람, 예수와 함께 있었지요?
70 그러자 베드로는 "당신이 무슨 말을 하는지 모르겠소"라며 모든 사람들 앞에서 그렇지 않다고 말했습니다.
71 베드로가 대문 있는 데로 나가자, 다른 여자 하인이 거기 있던 사람들에게 말했습니다.
이 사람은 나사렛 예수와 함께 있던 사람이에요.

❇ **누가 너를 때렸는지(26:68)** 눈을 가리고 때리면서 그를 친 자가 누구인지 맞히라고 말하는 것은 메시아를 판단하는 유대인의 전통적인 관습이었다. ❇ **여자 하인(26:69)** 대제사장의 집 문을 지키는 일을 하던 여종.

72 또다시, 베드로는 "나는 그 사람을 모릅니다"라고 맹세를 하며 그렇지 않다고 말했습니다.

73 잠시 후, 서 있던 어떤 사람들이 베드로에게 가서 말했습니다.

분명히 너는 그들과 한패다. 네 말씨를 보니 틀림없다.

74 그러자 베드로는 저주를 하며 맹세했습니다. "나는 저 사람을 모릅니다." 그러자 바로 닭이 울었습니다.

75 베드로는 지난 번 예수님께서 자기에게 하신 말씀이 기억났습니다. "닭이 울기 전에 너는 나를 세 번이나 모른다고 할 것이다." 베드로는 밖으로 나가 몹시 울었습니다.

❊ **말씨(26:73)** 베드로는 갈릴리 사람이었고, 당시 갈릴리 사람들의 말투는 예루살렘 지역의 유대인들과는 차이가 있었다.

마태복음 27장

1 다음 날 아침이 되자, 모든 대제사장과 백성의 장로들이 예수님을 죽이려고 논의를 하였습니다.

2 그들은 예수님을 묶어, 총독인 빌라도에게 데려가, 그에게 넘겨주었습니다.

3 예수님을 배반한 유다는 예수님이 유죄 판결을 받은 것을 보고, 양심에 가책을 느꼈습니다. 그래서 은 삼십 개를 대제사장과 장로들에게 돌려주었습니다.

4 유다가 말했습니다. "내가 죄 없는 피를 팔아넘기는 죄를 지었습니다." 그들이 대답하였습니다.

그게 우리와 무슨 상관이냐? 그것은 너의 문제다.

5 유다는 은화를 성전 안에 내던지고 나가서 목매어 자살했습니다.

6 대제사장들이 성전에서 그 돈을 거두고 말했습니다.

이 돈은 피값이니, 성전에 두는 것은 안 될 일이다.

7 그들은 서로 의논하여 그 돈으로 토기장이의 밭을 사, 나그네들의 묘지로 삼기로 결정했습니다.

❇ **빌라도(27:2)** A.D. 26-36년까지 유다에 파견된 로마의 총독. 공회는 사형집행 권한이 없었기 때문에 총독에게 예수님을 데려갔다. ❇ **나그네들의 묘지(27:7)** 유월절에 예루살렘에 왔다가 친구나 친척이 없이 죽은 사람의 묘지로 추정된다.

8 그 밭은 지금까지 피밭이라고 불립니다.

9 그래서 예언자 예레미야가 말한 것이 이루어졌습니다. "그들이 은화 삼십 개, 즉 이스라엘 사람들 몸값이라고 정한 값을 받았다.

10 그리고 토기장이의 밭을 샀는데 밭값으로 그 돈을 주었다. 이것은 주께서 내게 지시하신 그대로이다."

11 예수님께서 총독 앞에 서셨습니다. 총독이 예수님께 물었습니다. "당신이 유대인의 왕이오?" 예수님께서 "네가 말하였다"라고 대답하셨습니다.

12 대제사장과 장로들이 예수님을 고발하였지만, 예수님께서는 아무 대답도 하지 않으셨습니다.

13 그래서 빌라도가 예수님께 말했습니다.

이 사람들이 너를 여러 가지로
고발하는 것이 들리지 않느냐?

14 그러나 예수님께서는 빌라도에게 단 한마디도 대답하지 않으셨습니다. 빌라도는 이것을 보고 이상하게 생각했습니다.

15 명절이 되면, 백성들이 원하는 죄수 한 명을 총독이 사면해 주는 관례가 있었습니다.

❇ **토기장이의 밭**(27:10) 토기장이가 진흙을 떠내던 밭. ❇ **유대인의 왕**(27:11) 빌라도는 정치적인 면에서 '왕'이냐고 물었으나 예수님은 영적인 면에서 '왕'이라고 대답하셨다. ❇ **명절**(27:15) 유대인의 가장 큰 명절인 '유월절'을 말한다.

16 당시 감옥에는 바라바라고 하는 아주 악명 높은 죄수가 한 명 있었습니다.

너희는 누구를 놓아주기를 원하느냐? 바라바냐, 아니면 그리스도라고 하는 예수냐?

17 사람들이 모였을 때, 빌라도가 말했습니다.

18 빌라도가 이렇게 말한 것은 사람들이 예수님을 시기해서, 자기에게 넘겨준 것을 알고 있었기 때문이었습니다.

저 죄 없는 사람에게 아무 일도 하지 마세요. 어젯밤 꿈속에서 제가 이 사람 때문에 몹시 고통을 받았습니다.

19 빌라도가 재판석에 앉아 있을 때, 그의 아내가 사람을 보내 말했습니다.

20 그러나 대제사장들과 장로들은 군중들에게 바라바를 놓아주고, 예수님을 죽이도록 요청하라고 시켰습니다.

바라바요!

21 빌라도가 사람들에게 말했습니다. "이 두 사람 중에 누구를 석방시켜 주길 원하느냐?" 사람들이 대답했습니다.

마태복음 TIP

당시 유월절에는 총독이 죄수 한명을 풀어주는 관례가 있었습니다. 그 기원은 분명하지 않으나 유대를 통치하는 로마가 일종의 유화책으로 사용한 방법이었을 것으로 봅니다. 빌라도는 성 안에서 민란과 살인죄를 지어 복역 중이던 유명한 죄수, 바라바를 예수님의 상대로 지목했습니다. 무겁고 확실한 죄를 지은 자를 지목한 것은 무고한 예수님을 죽음으로 몰아가려는 유대 지도자들의 의중을 알고 있었기 때문입니다. 그러나 그는 지도자로서 당연히 예수님을 석방해줄 권한이 있었으나, 백성들의 눈치를 살피며 그들을 두려워했고, 결국 백성들의 억지에 굴복하고 말았습니다.

22 빌라도가 물었습니다. “그러면 그리스도라고 하는 예수는 어떻게 해야 하겠느냐?” 그들이 모두 대답했습니다.

그를 십자가에
매달아 죽이시오!

23 빌라도가 물었습니다. “그 이유가 무엇이냐? 그가 무슨 악한 일을 했느냐?” 그러자 사람들은 더 크게 소리쳤습니다.

그를 십자가에 매달아 죽이시오!

24 빌라도는 자기로서는 어찌할 도리가 없다는 것을 깨달았습니다. 그리고 잘못하면 폭동이 일어날지도 모른다고 생각하였습니다. 그래서 그는 물을 떠다가 사람들 앞에서 손을 씻으며 말했습니다.

나는 이 사람의 피에 대하여 아무런
책임이 없다. 너희가 알아서 해라.

25 사람들이 한결같이 대답했습니다.

그의 피에 대한 책임은 우리와
우리 아이들이 지겠습니다.

26 결국 빌라도는 바라바를 풀어주었습니다. 그리고 예수님을 채찍으로 때리게 한 후, 십자가에 매달도록 내어주었습니다.

27 총독의 군인들이 예수님을 총독의 관저로 끌고 들어갔습니다. 그러자 모든 부대원이 예수님 주위로 모였습니다.

28 그들은 예수님의 옷을 벗기고, 대신 붉은색 옷을 입혔습니다.

❊ **십자가(27:22)** 십자가 형벌은 반역자와 같은 극악한 죄수에게 내리는 잔인한 형벌이었다. 예수님과 제자들을 완전히 제압하려는 당시 종교지도자들의 의도가 깔린 요구였다.

29 그리고 가시로 왕관을 엮어, 예수님의 머리 위에 씌웠습니다. 그들은 예수님의 오른손에 지팡이를 쥐여 주었습니다. 그리고 "유대인의 왕, 만세!"라고 말하며 예수님께 무릎 꿇고 절하면서 놀렸습니다.

30 그들은 예수님께 침을 뱉고 지팡이를 빼앗아 예수님의 머리를 쳤습니다.

31 예수님을 실컷 조롱한 후에, 붉은색 옷을 벗기고, 원래의 옷으로 다시 입혔습니다. 그리고 예수님을 십자가에 매달아 죽이려고 끌고 갔습니다.

32 군인들이 나가다가 구레네 출신의 시몬이라는 사람을 만났습니다. 군인들은 그에게 강제로 예수님의 십자가를 지고 가게 하였습니다.

33 그들은 골고다라는 곳으로 갔습니다. 골고다는 '해골의 땅'이라는 뜻입니다.

34 군인들은 예수님께 쓸개즙을 섞은 포도주를 주어 마시게 하였습니다. 그러나 예수님께서는 맛을 보시고는 마시려고 하지 않으셨습니다.

35 군인들이 예수님을 십자가에 못박고, 제비를 뽑아 예수님의 옷을 나누어 가졌습니다.

❊ **골고다(27:33)** 라틴어로 '갈보리'라고 불리는 단어이다. 히브리어로 '해골'이라는 뜻이 있다. ❊ **쓸개즙을 섞은 포도주(27:34)** 일종의 마취제. 예수님은 정해진 고통을 맑은 정신으로 감당하시기 위해 마취제를 사양하셨다.

36 그리고 거기 앉아서, 예수님을 계속 지켜보았습니다.
37 그들은 예수님의 머리 위에 "이 사람은 유대인의 왕 예수다"라고 쓴 죄패를 걸어 놓았습니다.
38 그때, 두 강도가 예수님과 함께 십자가에 못박혔습니다. 한 사람은 오른쪽에, 다른 한 사람은 왼쪽에 매달렸습니다.
39 지나가던 사람들이 고개를 저으면서 예수님께 욕을 하였습니다.
40
성전을 헐고 삼일 만에 다시 세운다는 사람아! 네 자신이나 구원하여라. 만일 하나님의 아들이라면, 십자가에서 내려와 보아라!
41 이와 같이 대제사장들도 율법학자들과 장로들과 함께 예수님을 조롱하며 말했습니다.
42
이 사람이 다른 사람들은 구하면서, 자기 자신은 구하지 못하는구나! 그는 이스라엘의 왕이니, 지금 십자가에서 내려오라지. 그러면 우리가 그를 믿겠다.
43
그가 하나님을 믿는다는데, 하나님께서 원하신다면 그를 당장 구원해 주시라고 그래라. 자신이 '나는 하나님의 아들이라'고 했으니까 말이다.

❇ **죄패(27:37)** 히브리어, 라틴어, 그리스어로 기록했다. 되도록 많은 사람들이 알아보고 로마에 대항하지 못하도록 경각심을 주려는 의도였다. ❇ **고개를 저으면서(27:39)** 고개를 저으면서 욕을 하는 것은 당시에 심한 멸시의 표현이었다.

44 예수님과 함께 십자가에 못박힌 강도들도 똑같은 욕을 예수님께 했습니다.

45 낮 12시부터 오후 3시까지 온 땅이 어둠에 덮였습니다.

46 오후 3시쯤에 예수님께서 "엘리, 엘리, 라마 사박다니" 하고 큰 소리로 외치셨습니다. 이 말은 "나의 하나님, 나의 하나님, 어찌하여 나를 버리셨습니까?"라는 뜻입니다.

47 거기 서 있던 사람들이 이 말을 듣고 말했습니다.

이 사람이 엘리야를 부른다.

48 그러자 얼른 한 사람이 뛰어가서 해면을 가져다, 신 포도주를 적셨습니다. 그리고 예수님께서 마시도록 지팡이에 매달아 주었습니다.

49 나머지 사람들이 말했습니다.

가만 놔두어라. 엘리야가 그를 구원하러 오나 보자.

50 다시 예수님께서 큰 소리로 외치셨습니다. 그리고 숨을 거두셨습니다.

51 그때, 성전 휘장이 위에서부터 아래까지 두 조각으로 갈라졌습니다. 땅이 흔들리고, 바위들이 쪼개졌으며,

❇ **엘리야(27:47)** 사람들은 예수님의 외침을 '엘리야'로 잘못 알아들었다. 엘리야는 당시 사람들이 고통 받는 자들을 구원할 메시아로 생각해 온 인물이었다. ❇ **해면(27:48)** 목욕해면을 말린 것. 미세한 구멍이 많아 수분을 잘 빨아들인다.

52 무덤이 열리고, 잠자던 많은 성도들의 몸이 다시 살아났습니다.

53 예수님께서 부활하신 후, 그들은 무덤에서 나와 거룩한 성으로 들어가서, 많은 사람들에게 나타나 보였습니다.

54 예수님을 지키던 백부장과 병사들이, 지진과 일어난 모든 일들을 보고 매우 놀라면서 말했습니다.

이 사람은 정말로
하나님의 아들이었다!

55 많은 여자들이 멀리 떨어진 곳에서 이를 지켜보고 있었습니다. 이들은 갈릴리에서부터 예수님을 섬기려고 따라온 사람들이었습니다.

56 그중에는 막달라 마리아와, 야고보와 요셉의 어머니 마리아, 그리고 세베대의 아들들의 어머니가 있었습니다.

57 그날 저녁에, 요셉이라는 아리마대 출신의 한 부자가 왔습니다. 그도 역시 예수님의 제자였습니다.

마태복음 TIP

예수님이 돌아가시는 순간 찢어진 성소의 휘장은 성전에서 가장 중요한 성소와 지성소를 구분하기 위해 드리워진 것이었고, 높이는 18미터, 폭은 9미터가 넘는 두껍고 튼튼한 직물이었습니다. 지성소는 대제사장이 일 년에 한 번 대속죄일에 들어가 정결의식을 행하던 거룩한 곳으로 외부인의 출입이 엄격히 통제되었습니다. 이 지성소를 구분하던 휘장이 위로부터 아래로 찢어졌다는 것은 예수님의 죽음으로 하나님과 사람의 사이가 회복되었고, 모든 백성이 제사장이 되어 하나님께 직접 나아갈 수 있게 되었음을 상징합니다.

58 요셉은 빌라도에게 가서, 예수님의 시신을 달라고 요청했습니다. 그러자 빌라도는 요셉에게 넘겨주라고 군인들에게 명령하였습니다.
59 요셉은 그 시체를 가져다가 깨끗한 천으로 둘렀습니다.
60 그리고 바위를 뚫어 만든, 자신의 새 무덤에 예수님의 시신을 모셨습니다. 그는 큰 돌을 굴려 무덤의 입구를 막고 돌아갔습니다.
61 막달라 마리아와 다른 마리아가 무덤 맞은편에 앉아 있었습니다.
62 이튿날, 곧 준비일이 지난 후에 대제사장들과 바리새파 사람들이 빌라도에게 왔습니다.
63 그들은 말했습니다.
각하, 그 거짓말쟁이가 살아있을 때, '내가 삼 일 뒤에 살아날 것이다'라고 한 말이 기억납니다.
64 그러니 명령을 내리셔서 삼 일째 되는 날까지 그 무덤을 꼭 지키게 하십시오. 그의 제자들이 와서 시체를 훔쳐간 후 사람들에게 '그가 다시 살아났다'고 할 수도 있습니다. 그러면 이번 속임수는 처음 것보다 더 나쁜 결과를 가져올 것입니다."

❋ **요셉(27:58)** 아리마대 출신의 부자로 선하고 의로운 사람이었다. 공회가 예수님을 죽이려 할 때 반대했다. ❋ **준비일(27:62)** 이튿날은 안식일인 토요일이었다. 금요일은 안식일의 준비일이었다.

65 빌라도가 말했습니다.
경비병들을 데리고 가서, 당신들이 할 수 있는 대로 무덤을 지키시오.

66 그렇게 해서 그들은 무덤에 가서 돌을 봉인하고, 경비병들을 시켜 입구를 지키게 하였습니다.

❊ **돌을 봉인(27:66)** 당시 무덤의 입구는 짐승들이 접근하지 못하도록 큰 돌로 굴려 막았다.

마태복음 28장

1 안식일 다음 날, 즉 한 주의 첫 날 동틀 무렵에, 막달라 마리아와 다른 마리아가 무덤을 보러 갔습니다.
2 그때, 강한 지진이 일어나고, 하나님의 천사가 하늘에서 내려왔습니다. 그 천사는 돌을 굴려 치우고, 그 위에 앉았습니다.
3 그 모습은 번개와 같았고, 옷은 눈처럼 희었습니다.
4 경비병들이 그 천사를 보고 두려워 떨었고, 마치 죽은 사람처럼 되었습니다.
5 천사가 그 여자들에게 말했습니다.
두려워하지 마라. 너희가 십자가에 못박히신 예수님을 찾고 있다는 것을 알고 있다.
6
예수님은 여기 계시지 않다. 말씀하신 대로 다시 살아나셨다. 와서 예수님이 누우셨던 곳을 보아라.

마태복음 TIP

여인들은 안식일 전에 급히 장례를 치른 것이 마음에 걸려 예수님의 몸에 다시 향유를 바르러 안식일이 끝나고 날이 밝자마자 무덤을 방문했습니다. 유대인의 하루는 해질 때 시작하여 다음 날 해질 때까지이고, 구약의 안식일은 토요일이었으므로 안식일 다음 날 동틀 무렵은 오늘날로 말하면 일요일 새벽이라 할 수 있습니다. 예수님은 일요일에 부활하셨고, 그 때문에 초대 교회는 자연스럽게 예수님이 부활하신 날을 '주의 날'이라 부르며 일요일에 모임을 갖기 시작했습니다. 이것이 오늘날 주일의 기원이 된 것입니다.

7
그리고 빨리 가서 제자들에게 이렇게 말하여라. '예수님께서 죽음에서 다시 살아나셨습니다. 그리고 먼저 갈릴리로 가셨습니다. 거기서 예수님을 뵐 수 있을 것입니다.' 보아라, 이것이 내가 너희에게 전할 말이다.
8 여자들은 재빨리 무덤을 떠났습니다. 그들은 두려우면서도 매우 기뻤습니다. 그들은 제자들에게 이 소식을 전해 주려고 달려갔습니다.
9 그때, 갑자기 예수님께서 여자들에게 나타나셔서 말씀하셨습니다. "잘 있었느냐?" 여자들은 예수님께 다가가서 그분의 발을 붙잡고 절했습니다.
10 그러자 예수님께서 말씀하셨습니다.
두려워하지 마라. 가서 내 형제들에게 갈릴리로 가라고 말하여라. 거기서 그들이 나를 볼 것이다
11 여자들이 가고 있는 동안, 몇몇 경비병들도 성으로 들어가, 대제사장들에게 일어난 모든 것을 말하였습니다.
12 대제사장들은 장로들과 함께 모여 의논하였습니다. 이들은 경비병들에게 많은 돈을 주었습니다.
13 그리고
사람들에게는 '밤에 예수의 제자들이 찾아와, 우리가 잠든 사이에 그 시체를 훔쳐 갔다'고 말하여라.

❄ **갈릴리(28:7)** 제자들을 부르셔서 사역을 시작한 곳으로, 예수님은 부활하신 후 다시 이곳으로 제자들을 모으셔서 그들을 통한 구원 사역을 시작하셨다.

14 "만일 이 이야기가 총독의 귀에 들어가더라도, 우리가 잘 말해서 너희들을 구해 주겠다"라고 말했습니다.
15 돈을 받은 경비병들은 그들이 시킨 대로 했습니다. 그래서 이런 소문이 유대인들 사이에 널리 퍼지게 되었고, 오늘날까지 그렇게들 알고 있습니다.
16 열한 명의 제자들이 갈릴리로 가서, 예수님께서 지시하신 산에 이르렀습니다.
17 그들은 예수님을 뵙고 절을 했습니다. 그러나 몇 명은 의심하기도 했습니다.
18 예수님께서 오셔서 말씀하셨습니다.
하늘과 땅의 모든 권세가 내게 주어졌다.
19
그러므로 너희는 가서, 모든 민족을 제자로 삼아라. 아버지와 아들과 성령의 이름으로 세례를 주어라.
20
내가 너희에게 말한 모든 것을 지키도록 가르쳐라. 보아라, 내가 너희와 세상 끝날까지 항상 함께 있겠다.

❋ **지시하신 산(28:16)** 구체적인 장소는 모르나 다만 지시하셨다는 표현으로 볼 때, 예수님이 제자들과 부활 후 만날 곳으로 말씀하신 적이 있음을 알 수 있다. 예수님은 부활 이후를 준비하시며, 제자들에게 부활을 사실로 분명히 말씀하셨다.

그림으로 쉽게 읽는 바이블툰
마태복음

초판 1쇄 2018년 11월 6일

글 아가페 쉬운성경
그림 조광래
감수 김경진

펴낸이 정형철
펴낸곳 아가페북스
등록번호 제321-2011-000197호
편집장 이수진
책임편집 손정민
내지 디자인 김종한
표지 디자인 윤지은

주소 (06698) 서울시 서초구 효령로 8길 5(방배동)
전화 584-4835(본사), 522-5148(편집부)
팩스 586-3078(본사), 586-3088(편집부)
판권 ⓒ(주)아가페출판사 2018
ISBN 979-11-89225-12-4 (04230)
979-11-89225-11-7 (세트)

이 도서의 국립중앙도서관 출판시도서목록(CIP)은 서지정보유통지원시스템 홈페이지(http://seoji.nl.go.kr)와
국가자료공동목록시스템(http://www.nl.go.kr/kolisnet)에서 이용하실 수 있습니다.
(CIP제어번호: CIP2018033219)

잘못 만들어진 책은 교환해 드립니다.
저작권법에 의하여 한국 내에서 보호받는 저작물이므로 무단전재와 복제를 금합니다.

아가페북스는 ㈜아가페출판사의 단행본 전문 브랜드입니다.

아가페 출판사